En Toi, ma liberté

SOPHIE ALRIC

En Toi, ma liberté

Témoignage d'une déflagration
- enfant violée, femme brisée, mère bafouée -
puis d'une résurrection

A tous les enfants agressés sexuellement

Aux mamans qui tentent de les protéger

Avertissement du contenu : veuillez noter que certains contenus peuvent heurter la sensibilité de certaines personnes. Pour un public averti (violences intra-familiales, pédocriminalité, inceste)

La vérité, quelle qu'elle soit, est salvatrice.

Ce recueil n'est que fiction.

Seuls les fous pourraient penser qu'il est inspiré des faits réels.

« Quand ils voient un miracle, la plupart ferment les yeux. »

Christian Bobin, *L'homme-joie*

Le Code de la propriété intellectuelle n'autorisant, aux termes de l'article L. 122-5, 2° et 3° a, d'une part, que les « copies où reproductions strictement réservées à l'usage privé du copiste et non destinées à une utilisation collective » et, d'autre part, que les analyses et les courtes citations dans un but d'exemple et d'illustration, « toute représentation ou reproduction intégrale ou partielle faite sans le consentement de l'auteur ou de ses ayants droit, ou ayants cause être illicite » (art. L. 122-4). Cette représentation ou reproduction, par quelque procédé que ce soit, constituerait donc une contrefaçon sanctionnée par les articles L. 335-2 et suivants du Code de la propriété intellectuelle.

Tous droits de traduction, d'adaptation et de reproduction interdits.

© Sophie Alric, 2024

Correction : Joëlle Acquier

Graphisme : Arthur Serrand

Édition : BoD · Books on Demand, 31 avenue Saint-Rémy, 57600 Forbach, bod@bod.fr

Impression : Libri Plureos GmbH, Friedensallee 273, 22763 Hambourg (Allemagne)

ISBN : 978-2-3225-5462-1

Dépôt légal : Décembre 2025

PROLOGUE

Toulouse, le 4 mars 2024

50 ans pour comprendre

J'ai 53 ans. Il m'aura fallu vingt-quatre ans pour sortir des mécanismes de l'emprise.

Un quart de siècle de souffrances psychiques intenses, de dépressions, d'hospitalisations en urgence. J'ai demandé cinq fois à être mise à l'abri de moi-même. J'ai été shootée, droguée par une psychiatre effrayée par ma souffrance. Dans un éclair de lucidité, je m'en suis échappée, la veille de ma première séance d'électrochocs, pour me réfugier auprès d'un médecin plus courageux, « il faut que vous gardiez un minimum de conscience » … sevrage médicamenteux.

Vingt-quatre ans à essayer de vivre malgré tout : profiter des moments de joie avec mes enfants, conserver une image sociale validée par tous, travailler, être arrêtée pour maladie, être licenciée, retrouver un emploi … « rebondir » … parce qu'il le fallait, figure imposée. J'étais de ces balles rebondissantes en caoutchouc tendre, me cognant de murs en murs, je perdais mon énergie jusqu'à devenir inerte à l'intérieur, mais je donnais le change, jusqu'au bout.

Il y a vingt-quatre ans, je me suis enfuie de mon domicile conjugal, ma petite fille de quatre ans dans les bras.

Ma plume, rendue muette depuis l'âge de mes 12 ans, s'est remise à parler. Des textes se sont écrits au fil de mes prises de conscience. Mais il y a eu des trous et beaucoup d'absences.

Ma plume s'est tue lorsque j'ai dû me battre pour protéger ma fille, Claire : six ans d'instruction et de silence.

Elle est restée silencieuse encore tout le long de mon second mariage. Je n'en comprends que maintenant les raisons.

En 2019, je commençais à me libérer de cet époux et des derniers médicaments. Accompagnée en EMDR et me formant à la sophrologie, je suis allée au cœur de moi-même, au plus près de ma conscience, de mon esprit, je retrouvais mon âme.

Les mots sont revenus, éclairant mes maux.

Le chemin a été double, j'apprenais à m'aimer et je levais le voile sur d'atroces vérités, soutenue par Christel Petitcollin, ma nouvelle alliée. La mémoire m'est revenue en même temps que les mots.

Fin septembre 2023, le souvenir de l'indicible a ressurgi. En février 2024, c'est l'inénarrable, avant-dernière pièce du puzzle, qui a complété le tableau.

La lumière s'est faite sur ma vie déchirée et brisée.

Je souffrais en réalité depuis l'âge de mes 5 ans, enfin d'aussi loin que je puisse m'en souvenir, certainement avant. C'est l'âge auquel mon père a commencé à me violer. Mon frère a pris le relais, puis d'autres encore.

Ma vie a été faite de violences, d'agressions sexuelles, de viols, d'emprises, de manipulations. J'ai été marquée au fer rouge par mon père, l'agresseur « souche », sur mon front, il a tatoué « allez - y, servez-vous. »

Je vous confie ces textes écrits au fil des années. Hormis quelques corrections syntaxiques, je ne les ai pas modifiés.

Vous y lirez mon processus de guérison, mes prises de conscience progressives et lentes car souvent freinées depuis cet été 2001, pour aboutir enfin à la vérité ultime.

Celle qui sauve de la folie, de la souffrance, parce qu'enfin, on sait.

On sait que les fous, ce ne sont pas nous.

Quelle qu'elle soit, la vérité est salvatrice.

Il m'aura fallu cinquante ans pour qu'enfin je puisse vivre.

J'aimerais vivre en Paix, mais le combat n'est pas fini, mes bourreaux s'acharnent encore. Mes mots et la publication de ces derniers les effraient. Ils ne lésinent devant aucun stratagème, ils ont tout essayé pour me faire taire : m'acheter, me piéger dans leurs combines financières, me menacer, m'agresser physiquement, me terroriser psychiquement… je n'ai pas cédé.

Aujourd'hui, ivres de rage, ils utilisent mes enfants, ils les soudoient et les noient de leurs idées nauséabondes, ils soumettent leurs esprits et en ont fait leurs fidèles soldats, dirigés contre moi.

Ils ont eu tort d'aller jusque-là, ils espéraient m'anéantir, me faire chuter une fois encore en dépression et faire coup double : me faire taire et me faire passer pour folle, invalidant ainsi tous mes écrits - y compris ceux produits en justice - et rendant ma voix inaudible.

Pauvres fous, en touchant mon cœur de mère, vous avez décuplé ma force de frappe et plus rien ne m'empêche de déployer mes ailes.

Vous me faites encore mal, je le reconnais, mais la peur a changé de camp.

« Il faut se méfier des petites filles » - Judith Godrèche – Cérémonie des Césars 2024

« Et il faut se méfier des mamans qui protègent leurs enfants » - Sophie Alric - En Toi, ma Liberté – texte « L'inénarrable » - 2024

Dans une abbaye, le 1ᵉʳ janvier 2024

Mon désir d'écrire – la flamme

Je m'en souviens comme si c'était hier.

Nous avions 12 ans, Elodie - ma meilleure amie - et moi. Son air contrit en sortant des toilettes m'a fait saisir le premier stylo à portée de main et une feuille posée là. J'avais envie d'écrire, j'avais envie de rire.

Les mots se posaient en des rimes quasi parfaites, sans préméditation, sans réflexion, sans rature. Ils s'échappaient de ma plume, pur délice.

Je me sentais légère et joyeuse. Je ne savais pas comment se déroulerait le récit, ni quelle en serait la chute. Je prenais simplement du plaisir. Absorbée par mes mots, j'ouvrais la porte de ma cage.

Je me sentais libre, je m'envolais.

Le texte lu à voix haute a déclenché une cascade de rires.

Je souris encore en le lisant, j'y revois la tête d'Elodie, l'attitude gênée de son corps, ses yeux implorants… et nos éclats de joie. Insouciance de l'enfance qui m'avait été volée.

L'émotion me gagne, je réalise que mes mots sont ma liberté. Interdite de dire, interdite d'écrire pendant de longues années, leur absence m'a été cruelle, presque mortelle.

Je me délectais de ma première plume, un stylo Parker à l'écriture large, offert à ma communion.

La plume épaisse s'écrasait sur le papier avec un son rond, feutré, gras. J'aimais la sensation de la plume qui se pose et glisse sur le papier. J'y prenais vie.

Mon plaisir d'écrire passe par là. Plaisir des pleins et des déliés, plaisir de l'écriture qui se transforme au fil des années.

En écrivant, je frétille de sensations charnelles, mes sens sont en éveil.

J'écoute le son des plumes et en préfère certains - les sons profonds me rassurent - à d'autres - les sons aigus m'agressent et m'inquiètent. Je déteste le cliquetis pointilliste des stylos Bic.

La mélodie de l'écriture m'apaise. La musique jouée par ma plume, les moments intenses qui succèdent aux notes légères, les rythmes qui s'adaptent à l'intensité des mots, les silences lorsque la plume se lève juste avant de replonger de plus belle. J'aime la symphonie des mots, leurs échos, leurs résonances, leurs appels les uns les autres.

J'espère le toucher de la pointe de ma plume. Elle prend place et danse sur le papier, mouvement harmonieux qui, du stylo, remonte jusqu'au creux de ma main, puis le long de mon bras et finit par envahir tout mon corps.

Je plonge dans la profondeur de l'encre noire. Je remercie les tracés d'huile qui, en séchant, perdent de leur brillance mais deviennent ineffaçables. Passage du paraître à l'être, ancré, profond, authentique, indélébile.

J'aime la vue des courbes qui se dessinent, des mots qui se faisant désirer, s'invitent enfin sur le papier.

Chaque phrase a un goût particulier, singulier. Acidulée, amère, pétillante, sucrée, salée … je déguste l'écriture aux mille saveurs … festin dont je ne veux plus me passer.

Les mots possèdent des textures propres susceptibles de changer au gré de leurs associations.

Certains d'entre eux ont une texture gluante. Ils pèguent et peu importent les mots à côté, ils font monter au fond de ma gorge une bile acide.

C'est ainsi, certains mots rendent léger, d'autres donnent la nausée. Ils font entrer le corps en résonance. Les uns et les autres se mettent en mouvement. La danse commence.

Quelle odeur a l'écriture ? Une senteur de fleur qui côtoie une odeur de merde. Je hume l'une et je traverse le nuage nauséabond de l'autre sans même me boucher le nez. Je veux respirer pour transcender. J'affronte : c'est le seul moyen de vaincre. Je veux respirer toutes les odeurs pour ne pas en oublier et en laisser de côté, cachées là, sous le tapis ou derrière le masque à oxygène.

Je veux vivre pleinement et intensément.

Toutes les émotions vivent dans mon écriture, sans parade, ni substitution, ni cache-misère.

Lorsque j'écris, je suis. Je vis sans ombre ni tabou, sans honte ni peur. Mes bourreaux deviennent fétus de paille et ma plume les démasque inévitablement, même si elle a pu être égarée un temps par de vieux mécanismes induits par les tortionnaires originels.

Le brouillard se dissipe, la vérité s'écrit. La vérité se crie.

Désir d'être lue. Désir que mon cri soit entendu.

Je veux témoigner de mon histoire incroyable.

Si ne serait-ce qu'une seule personne se dit « je crois cette histoire, elle est semblable à la mienne que je n'ose dire ni écrire, de peur de ne pas être crue », j'aurais alors écrit ce livre pour elle et je serais heureuse de lui avoir permis de retrouver sa voix.

Je veux témoigner de l'indicible, de l'innommable, qui se transmet de génération en génération.

Je veux raconter l'inénarrable.

J'espère donner aux mères la force d'ouvrir les yeux pour protéger leurs enfants.

Je voudrais que le cycle morbide et incessant des familles incestueuses s'arrête. Celui de quelques-unes au moins, celui de la mienne j'espère.

Je veux écrire que tout peut se dire sans honte et sans crainte. Je veux vous dire de ne pas avoir peur ni de vos bourreaux, ni de la vérité. Quelle qu'elle soit, elle est salvatrice.

Je veux témoigner qu'on peut vivre en enfer depuis l'enfance et jusqu'à la moitié des années d'une vie bien sonnée. Je veux surtout vous dire qu'on peut en sortir.

J'ai envie de vous transmettre l'Espoir.

J'aimerais être cette femme dont parle Christian Bobin[1] :

« Votre suicide était réussi, comme tous les suicides ratés. Vous aviez perdu bien plus que la vie : la parole, le goût de la parole claire, l'amour de la parole vraie.

Vous étiez devant la parole comme un enfant malade devant la nourriture.

---

[1] Bobin C., Une petite robe de fête, Folio, 1993.

Avec la parole nue revient toute la vérité.

Avec la vérité revient toute l'âme.

Celle à qui arrive cette histoire désire ensuite la raconter pour remercier … Histoire d'une lente rééducation, histoire d'une lente migration d'oiseaux morts.

Elle a l'habitude d'écrire.

Histoire d'une résurrection.

D'une mort, puis d'une résurrection. Elle ne s'adresse pas aux morts, mais aux vivants. »

Et puis j'aime l'espièglerie de mon écriture. J'aime me laisser aller au gré de ma plume et me laisser surprendre.

J'aime les uppercuts amicaux et saisissants de mes prises de conscience.

Lorsque j'écris, je suis entière, enfant, femme et mère à la fois.

J'ai envie de vous parler, j'ai envie de faire naître en vous des émotions. J'aimerais que vous vous sentiez vivants en me lisant.

J'aimerais que mes mots portent toujours plus à la vie qu'à la mort. Je crois qu'il en est déjà ainsi. Je parle à votre force de vie, je parlerai à l'instinct de survie de certains.

Ce sera dur, ce sera rude, ce sera douloureux parfois autant pour vous, lecteurs, que pour moi, écrivain. Mais soyez certains que je nous veux en vie. En belle vie.

PARTIE I

LA FUITE

Berthelioux, le 3 décembre 2001

Fuir et ne pas revenir : un deuil en hiver

Il y a quelque chose là, au fond, qui voudrait sortir, s'échapper enfin de mon corps.

Comme une envie de mordre. De la haine. Une violence sourde et inouïe. Le jour je la cache, la nuit je la tais. Au petit matin, pourtant, elle est là, profonde angoisse qui me serre les tripes. Quels rêves ? Je ne sais plus. Mais l'angoisse est là, fidèle, elle attend que je me réveille et m'attrape dès la fin de mon sommeil … m'a-t-elle seulement quittée ?

Pour l'éviter, je fuis : télévision à outrance pour être sûre de m'user jusqu'à la corde. Privée de sommeil, mon lendemain sera difficile, peu importe, je réduis mon corps et mon esprit au silence.

Je me retourne à nouveau contre lui, Lucas, cet homme aux deux visages. Je le hais de ce qu'il m'a laissé croire. Je me déteste pour ce que j'ai cru.

Je survis comme une droguée qui fout tout en l'air pour avoir une dose… même si elle sait que ce n'est que pour quelques instants, quelques heures d'illusions, même si elle sait qu'elle aura plus mal encore après.

Moi, j'ai envie d'y croire encore un peu à cette histoire d'amour, faire pour de faux, retrouver juste quelques instants l'homme que j'aime. La douleur de la nouvelle chute, inexorable, n'a pas d'importance. Alors je me retiens, je me tiens, je cadenasse tout pour ne pas l'aimer, pour ne pas ressentir le manque, pour ne pas exploser.

Je ne m'autorise aucune émotion.

J'aime l'homme qu'il m'a parfois montré pour la simple raison qu'il me montrait celui que je voulais voir ... Machiavel.

Je déteste l'homme qu'il est, cette espèce de monstre sans âme, sans vie.

Ange versus démon.

Amour versus haine.

Part de Dieu versus part du diable.

Je n'aime plus que ton fantôme, je n'aime plus que l'image de l'amour que tu m'as laissée.

Tu t'éloignes de plus en plus de la réalité. Je te plains, mais je dois te laisser là.

Pauvre pantin de bois. Tu n'as de vie que par les autres.

J'entame un sevrage et un deuil à la fois.

Sevrage de toi, Machiavel, deuil de toi, mon Amour.

Je voudrais t'abandonner là, à ces mots, à ces lettres … mais je sais bien que ce ne sera pas aussi simple, qu'il me faudra revenir à toi ma plume.

L'hiver est une belle saison pour un deuil.

J'ai envie de me laisser faire, me laisser tomber au fond de ce trou qui n'est pas si sombre, mais simplement profond. J'ai confiance et je sais que j'en ressortirai.

Je serai alors moi, mais j'ai peur. Quelle souffrance faut-il encore accepter ? Et toi, mon corps, que dis-tu de ces outrages ? Tu es là et tu attends toi aussi que je te redonne ta place, qu'un autre homme vienne t'aimer vraiment.

Laisse-moi faire ce deuil et me détacher de toi.

Un hiver au creux de moi.

Dans une abbaye, le 3 novembre 2002

Faire plaisir à mon enfant : retrouver Marie

Depuis que ma fille, Claire, a parlé, j'ai laissé cette plume à l'abandon. Elle qui tant de fois m'a aidée à écrire ce que je ne pouvais dire, je la rejetais.

Emmurée dans le silence, je taisais mes émotions. Oh bien sûr, j'ai pleuré un peu après coup, mais je n'ai pas voulu réaliser. Je me réfugiais derrière un argument trop facile : les choses étaient claires, dites, il fallait continuer à vivre.

Et j'ai continué à mourir.

Comment aurais-je eu le droit de souffrir ? J'étais la mère qui n'avait pas pu éviter ça, qui n'avait pas pu protéger son enfant. Je devais rester debout, vaillante, fière même d'être partie un an plus tôt. Heureuse de vivre aux yeux des autres. J'ai tout fait pour me convaincre de mon bonheur et j'ai réussi. Claire allait mieux, c'était l'essentiel. Moi, je ne comptais pas, je n'existais plus.

Derrière ce silence et cette hypocrisie, la destruction de moi-même reprenait, inébranlable, irrévocable, irrémédiable. Cette fois-ci, c'est moi qui me tuais.

Avant que Claire ne parle assez et lorsque mon cœur de mère savait ce qui se passait, j'ai voulu mourir et l'entraîner avec moi, elle, ma petite fille, que je ne pouvais protéger en ce monde. J'étais incapable de partir à l'étranger, pourtant terrifiée à l'idée qu'on me la reprenne et qu'elle soit placée définitivement entre ses mains.

J'étais paralysée de peur. Et finalement, je lui ai ramenée, une fois encore, en espérant que ce serait la dernière. Ça ne l'était pas. Alors, à nouveau, je me suis réfugiée derrière la facilité pour ne pas devenir folle, pour ne pas tuer.

J'ai voulu croire à son monde imaginaire à lui, celui où il m'avait bercée les premières années de notre rencontre, celui où il m'a enchaînée, bafouée. J'ai voulu croire qu'il ne pouvait pas être si mauvais. Qu'il pouvait être un bon père, qu'il était réellement le fantôme de celui que j'ai cru aimer.

Jusqu'à ce que Claire parle enfin, jusqu'à ce que je lui laisse enfin la possibilité de dire l'indicible, jusqu'à ce qu'enfin elle ait le sentiment rassurant de pouvoir être entendue et crue.

À partir de là, j'ai cessé d'exister. J'avais le choix entre vivre dans l'hypocrisie ou mourir de la blessure immense dans mon cœur de mère. Finalement, j'avais le choix entre vivre en mourant et décider de mourir. La différence n'était que le temps que cela prendrait, l'issue était la même.

Tous les samedis, Claire voulait entrer dans l'église que nous longions pour aller au marché. Inlassablement je refusais. J'étais fâchée contre toi. Tu étais l'invité d'honneur, le témoin privilégié de notre beau mariage. Je t'associais inévitablement à Lucas et pour le tenir loin de moi, je t'ai éloigné aussi.

Claire a insisté, sa petite main s'est échappée de la mienne, elle s'est faufilée dans ta maison.

Il fallait la voir du haut de ses quatre ans et demi : elle a réitéré sa demande en voulant assister à la messe. J'ai cédé à contrecœur. Je t'exécrais comme si tu avais été le mal en personne : tu représentais Lucas et toutes ses idéologies et tu avais laissé faire ça. Tu aurais pu t'approcher, je t'aurais insulté, craché dessus. Je faisais juste plaisir à mon enfant.

Silencieux, tu recevais mes insultes. Tu les entendais et tu ne bronchais pas. A pas de velours, tu avançais vers moi.

Percevant ton manège, je t'ai lancé un défi « d'accord, tu veux t'approcher ? Je ne te laisserai pas la chance d'être sournois. C'est moi qui vais venir en tes lieux. De toute façon, je n'ai pas le choix. Mourir ou mourir. Alors voilà, je viens et tu vas être spectateur de ça. Je te rends la monnaie de ta pièce. »

Tu m'as répondu par deux arcs-en-ciel magnifiques, l'un au-dessus de l'autre.

Renfrognée, j'ai attrapé mes bagages.

Je n'avais toujours pas confiance, les yeux secs, j'en ricanais de tes arcs-en-ciel.

Tu m'as dit « pleure, pleure, petite fille blessée, je n'ai pas peur de tes larmes. »

Et j'ai pleuré.

Peu à peu, les sentiments ont refait surface, le mur qui m'isolait de moi-même s'est fendu puis a cédé.

La douleur était si grande, j'avais l'impression qu'accepter la réalité revenait à mourir.

Mourir de souffrance, mourir de haine contre moi-même. J'étais la seule responsable, la mère qui a enfanté sa petite d'un monstre, qui l'a mise au monde pour mieux la servir en pâture, pour la donner au supplice, à la mort. Je l'ai portée en mon ventre, je l'ai sentie bouger, je lui ai donné mon lait, puis je l'ai laissée seule face à un père abominable. Oh bien sûr, j'avais réussi à partir, à me sauver des griffes de ce fou, emmenant mon enfant avec moi.

Je pouvais éviter de le voir. J'avais des relais. Mes proches étaient là, faisant écran entre lui et moi. Je pouvais revivre et oublier l'humiliation, la déchéance vécue.

Elle ? Pourquoi me parle-t-on d'elle ?

Après tout, il est son père. Elle est le lien entre lui et moi, le dernier et l'ultime, l'indestructible. Je ne voulais plus souffrir, j'avais soif de vivre. Tous m'ont dit que je n'avais pas le choix, que j'avais fait mon possible pour la protéger. Il fallait que je les croie pour continuer à vivre. Alors j'ai nié l'évidence. Pour ne pas mourir de cette impuissance de mère, Claire a été sacrifiée, humiliée plusieurs fois encore et j'en portais le poids, la faute, plus que lui encore.

Accepter cette réalité est impossible pour une mère, je la réfutais encore et encore. Je faisais semblant de vivre, espérant intimement que mon corps se chargerait de me tuer.

Ainsi, je n'aurais pas été responsable que de cette dernière fuite, cette dernière lâcheté.

Présent dans ton silence, tu m'as laissée pleurer, hurler ma colère et ma haine. Tu m'as aidée à laisser sortir ce dernier venin que Lucas avait laissé dans mon corps, comme une ultime tentative de destruction.

Marie, tu m'as dit « viens là, love-toi dans mes bras. » Tout doucement, tu m'as bercée comme une petite, une toute petite fille perdue et je me suis laissée faire.

Cette souffrance est trop grande, elle n'est plus supportable humainement, elle ne peut conduire qu'à la mort. Je me suis allongée sur le sol de ta maison, j'ai ouvert les bras et je vous ai dit « tenez, moi je ne peux plus supporter cette douleur. Je ne suis qu'une mère, une toute petite maman. Prenez-la, aidez-moi à supporter cette souffrance. Marie, tu sais quel mal me ronge, toi qui as été mère. Console-moi, aide-moi. »

Marie m'a tenue dans ses bras et Jésus a apaisé ma colère. Il m'a aidée à comprendre qu'elle ne pouvait être dirigée contre moi-même, que j'avais eu ma part et que je n'en étais pas responsable.

La colère s'est apaisée un peu, lentement.

Et la peur est réapparue, viscérale, maladive, ancrée, sournoise, tapie derrière cet écran de colère. Autre mode de destruction.

Je ne sais pas rationnellement comment la faire taire. Pour moi, bien sûr, j'y parviens, peu importe ce qui m'arrivera dans ce monde, puisque je sais que Jésus et Marie sont là et m'attendent pour le passage dans l'au-delà.

Personnellement, cette peur est gérable.

Mais il ne s'agit pas de moi, la peur que je ressens est celle d'une mère pour son enfant. Oh Jésus, je le tuerai la prochaine fois, le sais-tu ? Je défendrai mon enfant de toute ma chair, de toute ma force et de toutes mes griffes.

Cela suffira-t-il à la protéger ?

Je vous la confie, cette petite fille blonde, je la mets entre vos mains et sous votre protection. Par pitié, faites qu'elle soit épargnée et qu'elle grandisse à vos côtés. Ne la laissez pas seule dans les ténèbres, aidez-moi à la protéger. Permettez-moi d'être une vraie mère, aidez-moi à la protéger sans l'étouffer, mais en lui laissant la liberté de grandir de son être.

Excusez-moi, je suis encore vacillante dans ma foi en vous : tel le poulain nouveau-né, mes jambes sont incertaines. J'ai eu si mal que je n'arrive pas à croire dans le réconfort que vous m'apportez, et pourtant je le ressens dans tout mon être. Je suis envahie d'un calme non ressenti depuis des années. C'est une grâce, mais je crains qu'elle soit éphémère. Pardonnez-moi, mais après avoir été crédule et conditionnée toutes ces années, je me cambre encore, même lorsqu'il s'agit d'Amour vrai.

Je sais que vous comprenez. Votre patience aura raison de ma méfiance.

Je me laisse faire par vous, je m'abandonne.

Par pitié, ne me laissez plus m'éloigner de vous. Gardez-moi près de vous, tenez-moi par la main dans cette réalité que je peux maintenant écrire et que je vais encore devoir vivre dans les années futures : Lucas a agressé sexuellement notre enfant, de l'âge de six mois à celui de quatre ans et demi. Et je vivais avec lui, et je n'ai rien vu. Il est allé jusqu'à se servir de mon corps, me violant pour l'agresser, elle, bébé repu que je portais sur mon sein après la tétée.

Seigneur, aide-moi.

Mourir ou prier, tu m'as aidée à choisir. Aide-moi encore, montre-moi le chemin de la vie.

Mon calvaire n'est pas fini, aide-moi à vaincre ma peur et à retrouver confiance.

Tu m'as rendu ma liberté, je retrouve peu à peu ma dignité et je réapprends à marcher. Tu m'as montré que je ne dois pas nier ce qui fait ma personne, mais aide-moi à chasser ces mécanismes que Lucas a gravés en moi, et qui toujours m'éloignent de celle que je suis, de celle que tu as choisie comme étant ton enfant. Aide-moi à repousser le mal, apprends-moi à le reconnaître.

Tu me dis que je peux aimer à nouveau, faire confiance, mais apprends-moi la prudence. Je suis toute petite, fragile et toujours naïve. Aide-moi à ne pas tomber dans les excès : confiance aveugle ou paranoïa.

J'ai besoin de toi.

Aide aussi ceux qui m'entourent, ils se murent eux aussi dans leur silence et leur douleur, aide-les. Protège Claire.

Aimez-nous, protégez-nous. Nous sommes toutes petites, porte-nous dans ton Amour divin.

Dans une abbaye, le 4 novembre 2002

Des mâchoires du piège à loup au cadeau d'une rencontre.

Lucas s'est servi de mon corps pour abuser de Claire. Elle avait six mois. Quatre ans plus tard, Claire s'est servi de mon corps pour mimer ce que Lucas faisait du sien.

Je te hais corps servile.

J'étais réduite à l'état de mendiante : je quémandais de la tendresse, des regards, des gestes, des caresses d'amour. J'avais soif et il me donnait quelques gouttes d'eau : douze minutes « d'amour », top chrono, deux à trois fois par mois. J'avais toujours soif, mais je devais m'en contenter : je l'avais choisi, c'était pour la vie, avec ses qualités et ses défauts.

Les gestes purement sexuels restent gravés en moi comme les mots : « Ton excès de désir me castre ... tu t'y prends comme une godiche ... je ne rêve que de faire l'amour à une femme enceinte ... mon seul fantasme est de te savoir nue sous une robe de Bure ... je vais bientôt pouvoir faire l'amour autrement ... ? ... Bah tu sais bien autrement que de se dégorger le poireau ... si t'en as tant besoin, va voir ailleurs ... »

Cela faisait six ans que je lui abandonnais mon corps, six ans qu'il s'en servait pour des fantasmes les plus vils.

Je me sens salie de son sperme, salie de ses mains qui ont fouillé, agrippé.

La première fois ? Il m'a sauté dessus comme un lion sur sa proie, je n'ai pas aimé. J'aurais dû me sauver. J'ai cru que l'attirance intellectuelle, ses beaux discours sur l'amour spirituel, devait être plus forte et que le reste viendrait avec la découverte des corps. Il fallait juste leur laisser le temps de s'apprivoiser. Quelle conne.

Après cette nuit blanche, je sais, je sens que tu voudrais que je te parle de moi, non plus seulement de cette mère souffrante, mais de cette femme humiliée, de cette âme trompée.

Pourtant, les murs paraissent infranchissables. Cette fois-ci, tu ne m'auras pas, je voudrais rester de marbre. Dans ma famille, on ne pleure pas sur soi, ça ne se fait pas, on n'en a pas le droit. Il y a plus malheureuse que moi, je dois rester droite dans mes bottes. Je suis partie, c'est l'essentiel, pourquoi regarder derrière moi ? « Regarde devant ma fille et marche fière. » J'essaie, j'y arrive, pas si mal d'ailleurs.

Je sens mon cœur dur comme de la pierre.

« La béatitude des larmes nous rend petits, elle attendrit notre cœur en enlevant tout ce qu'il peut y avoir de dur et de fermé. Le Bon Dieu aime le silence vis-à-vis des autres, mais il aime aussi que, comme des tout petits, nous laissions couler nos larmes près de Lui »[2]

---

[2] Homélie d'un moine éclairé, nom inconnu

Celles-ci ne coulent pas, Seigneur, comme si j'avais mérité ce qui m'est arrivé. Encore une fois, ce n'est pas à Lucas que j'en veux, mais à moi.

Le premier sentiment, lorsque j'ai compris, fut celui de la honte. J'avais honte de m'être laissée berner, de l'avoir laissé m'entraîner si loin. Où au fait ? Je ne sais pas exactement. Mon esprit ne veut pas le savoir, le comprendre. Nouvelle fuite de la réalité, pas le droit de flancher.

Peux-tu m'aider à cheminer ? M'accompagner sur cette voie d'épines et de douleur. Douleur ? Non, rien. Rien. Décidément, je ne ressens rien, bien fait pour toi ma belle, salope.

C'est de ma faute après tout, il s'est insinué dans une faille existante. Celle-ci, il ne l'a pas créé, il en a juste exploité le trou et rendu béante l'ouverture.

Ma mère n'a pas pu être présente à mes côtés lorsque j'étais bébé. Je suis née, puis elle est repartie travailler, me laissant dans de multiples mains étrangères qui m'ont changée, lavée. Je ne me souviens pas des câlins. Ces mains-là, ces bras-là n'étaient pas ceux de ma mère. Ma mère était à côté de moi, mais je l'ai cherchée partout.

Je l'ai trouvée à l'âge de quatre ans, en la personne de ma nounou, Maria. Elle est partie, j'en avais dix, je venais de l'appeler « maman. »

Mon père ? Absent. Beaucoup de travail : Professeur et premier maire adjoint. Très apprécié, toujours sur le terrain, s'occupant des « cas sociaux » avec énergie. Pas de ses enfants, pas le temps.

Je me suis construit mon nid, mon petit cocon d'amour, et je n'en ai pas manqué : j'avais Maria, Elodie, Rodolphe et Marius.

Mais ils sont tous partis subitement. J'avais neuf ans et je me retrouvais seule par ma faute : pas capable de les retenir, pas suffisamment aimable. Maria m'a laissée pour « fonder sa famille », comme me l'a expliqué ma mère. Marius, mon cher grand-père est mort à cause de moi, du moins j'en étais persuadée jusqu'à mes douze ans. Rodolphe, mon frère de huit ans mon ainé, mon protecteur, mon père de substitution est parti étudier à Paris. Elodie, mon amie, ma sœur est partie aussi.

Pour mon père, le plus important était de nous assurer un bien-être matériel. Il avait connu la misère et s'était juré d'en protéger ses enfants. Papa, tu as réussi ton grand pari, merci.

De la foi de sa mère, il a tiré sa générosité et nous l'a transmise, mais il est allé trop loin et a confondu charité et sacrifice. Il m'a inculqué le deuxième concept.

Moi, j'étais prête à tout faire pour être aimée, pour mériter l'amour : prête à me sacrifier. Je l'ai fait.

Voilà. Je ne suis qu'une sale gosse favorisée qui pleure sur elle-même. Mes parents ont fait ce qu'ils ont pu, ils nous ont donné ce qu'ils avaient de plus cher, ils ont construit pour nous le nid dont ils avaient rêvé. Ils ont fait avec ce qu'ils avaient, ils ont donné tout ce qu'ils avaient, l'amour ne se donne pas toujours sous l'aspect qu'on attend.

Et moi je suis là, à chialer. Gosse de riche.

Je suis responsable de ce sacrifice ultime. Je me suis laissée prendre au piège. Voilà pourquoi aujourd'hui, je n'ai pas le droit de pleurer sur moi-même. Je me dégoûte.

À douze ans, j'ai perdu mon plus cher ami, Celui avec qui je passais mes dimanches matin en compagnie d'Elodie. On y croyait avec l'émerveillement et la foi de notre âge.

A douze ans, j'ai pensé qu'il m'avait trahie. Mon dernier bastion d'amour est tombé là, je me suis retrouvée seule. Je n'avais pas tout perdu dans la bataille, certes Jésus était passé à la trappe, mais la culpabilité d'avoir tué mon grand-père que je portais depuis cinq ans aussi. J'ai gagné, le gros lot : la culpabilité de faire fuir tous ceux que j'aime … bingo ! On est con quand on est enfant.

Pourquoi fuir la réalité de ce que j'ai vécu avec ce monstre ? Pourquoi ne pas m'accorder ce répit ? J'ai peur ? Je ne le mérite pas ? Lâcheté ou mépris de moi-même ? Honte ou humiliation trop forte ?

Je commence en tirant le fil de la honte. Rien à faire. Je m'en veux de n'avoir rien vu, de n'être pas partie. J'en viens toujours à penser que j'ai fait exprès de rester. Petite voix dans ma tête qui tourne en ritournelle.

Cette voix n'est pas de moi, elle est de lui.

J'ai perdu mon identité, il a remplacé mes idées par les siennes et je ne sais plus ce qui m'appartient.

Peur de découvrir le néant de ce qui me reste, comme si, une fois que j'aurais balayé ses pensées, il ne restera plus rien que le vide.

Aide-moi, dis-moi qu'il restera au moins une chose, toi. J'ai peur, j'ai si peur.

Cette peur, je la ressens dans un escalier sombre, comme si un démon invisible pouvait prendre mon âme. Lucas a été si fort et j'ai été si faible. Dis-moi que je suis encore ton enfant et qu'il n'a pas pu me dépouiller de tout.

J'ai l'impression qu'il ne reste rien de moi, même ceux qui m'entouraient m'ont décrite une femme détestable, à l'opposé de celle que j'étais : intolérante, extrémiste, élitiste.

Je suis devenue son soldat, il lui suffisait de ne pas parler, de me regarder, de me soutenir de ses yeux pour que je me lance dans des discours idéologiques enflammés qui étaient devenus miens.

Comment ai-je pu penser, dire des horreurs pareilles ? Mais je les ai dites et je ne me trouve aucune excuse. L'adulte est libre de choisir. J'ai choisi le mal, je suis devenue sa plus fidèle arme.

Moi qui étais si critique, je suis devenue une loque, une serpillière, j'ai blessé ceux que j'aime.

J'ai laissé Lucas m'éloigner d'eux et porter sur eux des jugements péremptoires, je n'acceptais plus leurs différences. Peu à peu, je ne les aimais plus. Ceux que tu avais placé sur mon chemin d'amitié, je les ai reniés. Je savais tout sur eux, ils ne savaient rien et ils étaient ignorants et éloignés d'eux-mêmes, les pauvres.

De toi je savais tout, grâce à lui. En vérité, je ne savais rien.

Tu étais en nous, donc Dieu était en nous, donc nous étions une part de Dieu ... voire plus.

L'église ? L'enfant infidèle, celle qu'il faut fuir parce qu'elle a perverti tes mots et s'en sert pour faire courber les hommes. La Garce, l'infidèle. Pas question de confier Claire à cette communauté aveugle, ce troupeau benêt et obéissant.

Comment ai-je pu en arriver là ?

Il m'a tout pris. Trahie ? Non, c'est bien pire. Il m'a fait mettre à genoux devant lui. Il m'a humiliée, bafouée, salie, souillée, anéantie. Et je pensais que c'était « normal. » Je ne me suis pas aperçu du trouble, j'ai cru que mon « manque d'affection maladif » nous plongeait tous les deux dans un gouffre.

Ce qu'il y avait de mieux en moi, ce dont je pouvais être fière, il l'a pris et l'a retourné contre moi comme on enfonce un couteau dans une artère : plus question de l'enlever après, sinon c'est l'hémorragie. Alors ce couteau, je l'ai gardé en moi et je l'ai maintenu de mes propres mains. Je suis devenue ma pire ennemie.

Lucas n'avait plus besoin d'agir, l'autodestruction avait commencé.

Ma curiosité et ma soif de connaissances lui ont servi à mettre en place le piège. Jusqu'à m'emmener chez un psychanalyste, le Dr Walter, pour s'assurer de la double prise, la double emprise comme les mâchoires d'un piège à loup.

Alors j'ai vraiment cru que j'étais malade : plus la force de faire ce dont j'avais envie (jardinage et cetera...), courbatures dès le matin, fatigue intense ... dépression.

C'était normal, je ne pouvais « qu'y passer, compte tenu de mon passé, de mes souffrances. » Mais ils étaient là, mes deux mentors, pour m'aider à traverser le gué, lumière assurée de l'autre côté.

Mais pour l'instant, leur faire confiance, les écouter et les suivre sans broncher, eux savent. Moi je suis ignorante, heureusement qu'ils sont là.

Parfois, j'avais un sursaut, comme un hoquet de survie, et je voulais en quitter un. L'autre m'y ramenait fermement.

Avec le Dr Walter même technique : m'amener assez loin dans le secret, l'humiliation pour que je ne puisse que me taire. À qui aurais-je pu dire que mon psy me pinçait les seins, me caressait l'intérieur des cuisses et se réjouissait à l'idée de me voir simplement vêtue d'une culotte achetée pour lui faire honneur ? Lui, psychiatre ayant pignon sur rue, spécialiste reconnu des addictions ? À qui ?

Il me plaquait contre son torse, me touchait les fesses à travers mon pantalon et me disait que si je les serrais, cela signifiait que je n'avais pas confiance en lui. Or il voulait me montrer que je pouvais me fier à la caresse d'un homme, qu'elle n'était pas forcément liée à la pénétration. Il me disait « vous êtes comme une femme violée, ce réapprentissage de la confiance fait partie de la thérapie.» Ce serait long, certes, j'étais son « Emma » - en référence au cas

Emma Eckstein de Freud - il y arriverait, il était mon seul salut. Mais sans cette confiance aveugle, il ne pourrait pas m'aider.

Je l'ai cru.

Mon Dieu que j'ai été conne et naïve. Comment peut-on se pardonner ça ? Bien fait, pauvre idiote. Tu te crois maligne ?

Lavage de cerveau intégral, à l'eau de Javel concentrée.

Assez efficace comme procédé, je t'assure, on en ressort transparent, prêt à être imprimé.

Voilà, le tour est joué, l'intellect est broyé, le corps humilié. Il ne reste rien, absolument rien.

Le seul petit espoir de vie, la seule trace d'un amour en soi encore existant - la libido d'une épouse pour son mari et dernier comportement animal - est totalement rayé de la carte.

Mort physique et psychique programmées pour cet être humain, pauvre mortelle, épouse du monstre, patiente du dément.

L'esprit se bat pour ne pas sombrer dans la folie. Je me suis, un temps, traitée de perverse. Je sens maintenant combien la folie est passée à côté de moi, m'a effleurée et a failli s'emparer de moi.

Le monde imaginaire de Lucas, sa réalité, entrait en lutte contre la mienne. Et plus il gagnait, plus mon esprit, scindé en deux, se fissurait. Plus je me battais pour le tenir unique, plus je m'affaiblissais et plus je cédais la place à Lucas. C'était plus simple de suivre ses indications, de l'écouter que de me battre contre moi-même pour m'extirper ne serait-ce que par une critique ou un simple avis.

Il était mon Maître, et finalement, c'était reposant. Je n'avais plus à réfléchir, plus à avoir de jugement propre. De toute façon, même à l'issue d'un raisonnement harassant, il avait raison. Plus besoin de me fatiguer, j'avais trouvé celui qui savait.

Bien sûr, la chanson n'était pas si audible, il parvenait à me manipuler de telle sorte que ces jugements ne venaient pas de lui, mais bien de moi. Ils sortaient de ma tête, de mon cœur, simplement, ils y étaient enfouis. Et Lucas ne faisait que m'aider à les faire remonter à la surface. Il n'était que le catalyseur bienveillant.

Il aura fallu un viol, une amie vraie et une gynécologue honnête et impliquée pour que dans un dernier sursaut de vie, je parte. Juste avant la mort totale.

Après mon départ, j'ai sali à nouveau mon corps, avide de savoir s'il fonctionnait normalement. Je me suis jetée dans le lit d'un homme que je respectais mais que je n'aimais pas. Mon corps était enrayé, mais il fonctionnait. Et surtout, plus que je ne le constatais, ce petit amant me le certifiait. Rassurée, j'ai mis fin à ce corps-à-corps pathétique.

Tu sais, je crois qu'à ce moment-là, mon âme t'était inaccessible, ou plutôt je ne t'aurais pas laissé approcher de cet esprit que j'avais un peu libéré.

Alors tu as approché de mon corps et tu m'as fait le cadeau d'une rencontre avec un homme qui m'a d'abord effleurée, câlinée, prise dans ses bras tendrement.

Il m'a respectée et a honoré mon corps comme s'il était une merveille, un temple. Ce corps-là, je ne le connaissais pas, mais il a, au-delà de ma volonté, reconnu la main amie.

Au plus profond de ma détresse, alors que Claire me confirmait la souillure et l'ignominie, cette main amie m'a raccrochée à la vie. Je ne savais plus où était la réalité et le mensonge, mon esprit nageait en enfer. Mon corps évoluait vers la vie, me poussait à vivre encore et encore, comme on insuffle la vie par le souffle d'un bouche-à-bouche.

Je ne sais pas si cet ami sera celui qui partagera le reste de ma vie. Pardonne-moi et accorde-moi cette incertitude pour qu'elle me rende critique et m'évite de me tromper à nouveau. Mais ce cadeau, je ne peux te le rendre, il m'est trop cher. Aide-moi à me réconcilier avec mon corps outragé et mon âme blessée. Aide-moi à croire en eux, à leur faire confiance.

J'ai besoin de toi à mes côtés, aide-moi à retrouver ce chemin de lumière qui mène à la Paix, à toi.

Aide-moi à cesser là l'autodestruction, ne permets pas au mal de continuer l'œuvre que Lucas a commencé.

Réapprends-moi à me pardonner, à m'aimer, à me respecter. Apprends-moi à être plus douce avec moi-même.

Que ton amour m'enveloppe si fort, que je me sente protégée et sereine, qu'il transperce mon cœur au travers de ce qu'il est de plus dur pour qu'enfin je puisse m'aimer.

Voilà, j'ai écrit ces mots et je ne sais pas s'ils sont réellement de moi ou s'ils m'ont été soufflés par cette espèce de démon qui perdure en moi. Dernier jeu de Lucas pour finir de me rendre folle.

J'ai l'impression que le diable se sert de moi pour se jouer de toi comme il te ferait un pied de nez.

Le cœur de la mère n'a pu être touché par le mal. Je suis restée mère. Il n'en est pas de même du cœur de la femme.

Aide-moi sur ce chemin de désespoir, lutte à mes côtés.

Aide-moi à me séparer de ce démon, il est tellement lié à moi que je me perds avec lui.

Dans une abbaye, le 5 novembre 2002

Des voleurs de mots à moi-même

Étrange peur que celle de ne pas savoir si ces mots que j'écris sont les miens.

« Il faut s'aimer pour aimer les autres. » Je ne sais pas, j'essaie de me rappeler celle que j'étais avant cette misérable rencontre. Et finalement, je me dis qu'elle n'était pas mal, la pépette.

Curieuse. Oui, depuis toute petite ; envie de comprendre comment ça fonctionne, pourquoi, sur tout. À 10 ans, j'étais aussi bien apprentie plombier qu'éthologue. Trop chouettes les mille et une merveilles du monde. Bon… les maths n'ont jamais vraiment suscité ma curiosité, j'avoue.

Ma mère me disait toujours « tu poses trop de questions. » C'est vrai et aujourd'hui, j'en suis fière. Je me suis éteinte en arrêtant de m'en poser. Lorsque Lucas, après avoir excité – fastoche – ma curiosité pour des sciences dites « inexactes », lui a cloué le bec à coups de grands discours auxquels je ne comprenais rien (psychanalyse) « laisse petite, c'est normal, grandis un peu, évolue et on en reparle. »

Tu parles ! Moi je ne demandais que ça de grandir et surtout de sortir de ce bourbier, conséquence de mes soi-disant « souffrances enfantines » dans lesquelles il me tenait la tête enfoncée. Le Dr Walter l'aidait en faisant appel de son côté (de psychanalyste) aux faux souvenirs, technique très usitée par les recruteurs dans les sectes.

Intelligente. Je ne veux pas me jeter des fleurs, mais j'étais tout de même reconnue pour une certaine vivacité d'esprit. Attention, il est précisé ici que c'est loin de constituer l'intelligence (cf. cours de philosophie de Saint-Jodard).

Enthousiaste. Décidée à suivre un enseignement, ou tout autre projet, je m'y attachais avec opiniâtreté et enthousiasme. Mes amis disent de moi que j'étais une jeune fille gaie, dynamique, à l'enthousiasme communicatif.

Gourmande. Au sens figuré et concret, j'aime manger et faire l'amour. J'aime aussi dévorer des livres et acquérir de nouvelles connaissances. J'adore en discuter avec mes amis et partager des opinions, mais je ne suis pas très forte pour défendre les miennes. J'aime vivre.

Naïve. Paragraphe affligeant de ma personnalité. Je suis d'une naïveté… touchante. C'est mignon enfant, mais à un certain âge, il serait de bon ton qu'elle soit plus discrète. Elle finit par poser problème.

Tolérante. Dans la limite du possible pour moi, c'est-à-dire une limite très restreinte à mon goût. J'aime les différences mais finalement je me suis cantonnée à mon petit environnement familial, social. Comme expérience de tolérance et d'ouverture, j'ai beaucoup à faire encore.

Les mots.

Je m'en régale dans des textes simples, s'ils sont trop compliqués, je m'embourbe et deviens incapable de les apprécier.

J'aime écrire. Aïe, je sens arriver le bas blessant. Oui, j'aime écrire du contact de la plume sur le papier au défilé des mots qui s'enchaînent.

Cette force-là, cette intimité-là c'est Walter qui s'est chargé de la détruire. Il a utilisé cette aptitude pour me tenir ligotée me demandant d'écrire après les séances de psychanalyse, et bien entendu de lui rapporter mes textes sitôt achevés.

Il a perverti ce « don. » J'ai relu ces écrits et les effets reliés à ce psychanalyste : j'ai frôlé la folie. Mes mots sont devenus leurs comme ma pensée. Ma plume est devenue esclave de mes maîtres.

Aujourd'hui encore, je ne saurais distinguer leurs mots des miens. Ils sont imbriqués, indissociables dans ce monde imaginaire créé de toutes pièces par mes bourreaux.

Je ne sais plus dans ce travail d'analyse, ce qui est de moi et ce qui est du Dr Walter. C'est la raison pour laquelle je me méfie de cette plume.

Traîtresse. Elle a été l'alliée des démons. Outils supplémentaires de manipulation.

J'ai peur d'écrire. Peur que le mal s'empare à nouveau de mon esprit par ce biais.

D'ailleurs, la curiosité, l'intelligence et tout ce qui la suscite, la tolérance et le respect de l'autre, la naïveté, l'enthousiasme et la gourmandise représentent pour moi autant de portes d'entrée pour ce mal. J'ai peur de redevenir celle que j'étais. Je voudrais être une autre, une forteresse imprenable, une personne que l'on ignore par ses défauts pesants et son égoïsme.

Lucas et le Dr Walter auront brisé ma personnalité et les traits de mon caractère. Moi je les nierais de peur qu'ils attirent à nouveau des démons. Résultat : idem. Je suis partie, mais je n'ai pas avancé.

Seigneur, je ne peux pas taire cette envie, cette force d'aimer que tu as mise en moi. Je crois que je préfère me brûler à nouveau plutôt que de perdre ce qui me faisait belle. En tous les cas, attachante pour mes amis. Je me dis que si je n'étais pas aimable, ces amis qui ont croisé mon chemin n'auraient pas suivi si longtemps la même route que moi. Nous étions côte à côte, bras dessus, bras dessous … heureux.

Il pourrait s'agir d'un péché de vanité. Pourtant, ce feu-là est de toi.

Dans la plus grande détresse, je rêvais de clochards venant se réchauffer autour d'une petite flamme.

La flamme que tu as mise en moi, le mal n'a pu l'éteindre. Je voudrais que tu m'aides à la faire grandir sans crainte. En revanche, si tu pouvais me donner quelques cours de rattrapage sur la prudence, ce ne serait pas de refus. Vois-tu, ma naïveté, je suis tout à fait prête à la faire évoluer aussi.

Oui, je suis curieuse, oui, j'ai soif de connaissances. Oui, j'aime poser des questions. Oui, oui et re oui. Aide-moi à me poser les bonnes !

Je veux vivre de ce que je suis, de celle que tu vois en moi.

Je suis confiante en toi, si tu es amour, tu ne me feras pas de mal, alors… guide mes pas et aide-moi à m'embellir plutôt que m'avilir et me renfermer sur moi.

Je suis faite pour me tourner vers les autres. Je crois que tu m'as faite pour ça. Apprends-moi comment le faire en évitant les pièges du mal. Seigneur, tu as déjà mis sur ma route des amis, des guides, merci. Fais qu'ils restent auprès de moi et veillent sur moi pendant toute cette convalescence que j'ai commencée ici, qui est loin d'être fini.

Jésus, Marie ne me lâchez pas la main, que cet amour qui brûle dans mon corps se tourne vers vous et vers des personnes vraies.

Réapprenez-moi à aimer sans soumission, en restant moi-même, en faisant en sorte que cet amour me grandisse et me rapproche toujours plus de Dieu.

Toulouse, entre juillet et août 2008

En attendant un nouvel enfant Nathan

Peut-on laisser là un mode de fonctionnement qui nous tient depuis toujours ?

Ne pas faire de vagues, ni rien dire du ressenti, rester discrète et se faire petite pour ne pas déranger et se faire aimer telle que nos parents nous désirent. Faire semblant pour ne pas dévoiler une personnalité qui pourrait déplaire, avec des failles et des faiblesses.

Se sentir coupable de créer des soucis à celui ou celle que l'on aime et de qui on veut se sentir, on a besoin de se sentir aimée ... et finalement avoir peur de le perdre.

Alors mentir, jouer la comédie, prendre un ton enjoué, quelles que soient les circonstances. Ne rien dire, ne rien montrer, tout ravaler de ce qui fait mal. Se faire mal plutôt que faire mal, plutôt que prendre le risque même de faire mal.

Ce n'est pas Lucas qui me retient vers le passé, c'est moi-même par cette culpabilité qui me ronge et qui pourtant m'a faite vivre jusqu'ici. Dans cette histoire, elle m'a donné la force de me battre. Puis, lorsque le combat s'est apaisé, m'a donné un répit, elle s'est retournée contre moi et a commencé à me ronger.

Toujours ce couteau qui se retourne contre moi. Et moi qui le vit, l'accepte puisque finalement la souffrance est méritée. J'ai failli dans mon rôle de mère et dans mon rôle de fille. Alors cette souffrance est mienne et je ne m'en sépare pas. Je ne veux pas en sortir car en sortir, ce serait synonyme de désaveu : désaveu du sentiment de culpabilité.

Je croyais qu'il n'appartenait qu'à ma mère. Il est tellement palpable chez elle, j'aurais aimé ne pas lui en rajouter. Et être à la hauteur pour mon père, c'est-à-dire respecter la loi du silence. Ils se sont faits du souci, énormément de souci. Mais je ne peux porter cela aussi, ils sont parents comme je le suis et m'apprête à l'être de nouveau.

Cette culpabilité qui a été mon fondement, je dois m'en séparer pour continuer à vivre et enfanter pour la deuxième fois.

J'ai une fille aussi. Je l'ai protégée comme je devais le faire. Je me suis fait du souci, comme il était normal que je m'en fasse. J'ai beaucoup culpabilisé de n'avoir rien vu, de n'avoir pas su la protéger lorsqu'elle était encore un bébé. Mais jamais, à aucun moment, je ne lui en ai voulu. Et je n'ai jamais rien regretté de cette histoire parce que Claire en est le fruit avec ses forces et ses faiblesses.

Je ne lui ai jamais dit qu'elle allait m'envoyer à l'hôpital, qu'elle allait me tuer et qu'elle me faisait passer des nuits blanches. Je ne lui ai jamais dit parce que ce serait injuste et faux.

Je vis tout cela parce que je suis mère et parce que ce vieux fonctionnement ne me permet que de me battre ou de souffrir. Mais il m'appartient, il n'appartient qu'à moi. Et c'est à moi d'en changer si je veux vivre.

Faire le choix de vivre et être heureuse ou endurer et souffrir à force de se taire et de se sentir coupable de tout. Le souci de mes parents, le passé de mon enfant … jusqu'aux conflits au travail que je veux régler à tout prix. Pour qu'il n'y ait plus de vagues. Au prix de m'en prendre plein la gueule et d'aller contre mes convictions. Tout pour se faire apprécier et se faire aimer.

Cette culpabilité ne me porte plus, elle me tue.

Mais après ?

Après, je ne veux plus porter la culpabilité des autres, leur souffrance. Je peux l'entendre et la comprendre, mais je refuse de la porter. Elle n'est pas mienne.

Je n'enverrai pas ma mère à l'hôpital, j'aurais pu être handicapée, me droguer, être maniaco-dépressive, avoir eu un accident de voiture, vivre avec un homme violent et y rester. Je ne suis rien de tout cela. J'ai juste une histoire singulière, violente, dérangeante. Mais elle est mienne en tant que mère et femme. C'est à moi de la vivre et de m'en réparer. Je n'en suis pas que victime. Un homme est entré dans mes failles et j'ai cru le traitement qu'il m'infligeait normal parce qu'il répondait à une part de ma personnalité. Il aurait mieux valu que je ne croise pas son chemin. La vie s'est déroulée autrement, peut-être pour que Claire vienne au monde, certainement pour que je comprenne et grandisse enfin. Qui sait réellement ?

Je réapprends à vivre, à aimer. C'est dur et ça fait mal. La tâche me paraît parfois insurmontable, impossible. Quant au fait de porter un nouvel enfant, je n'en parle même pas. Pourtant, il est là. La peur est si grande qu'elle voile le bonheur. L'image de mère que j'avais en tête, celle que je voulais être, est brûlée par mon sentiment de culpabilité. Je voulais être « maman, maman. » Je me suis arrêtée de travailler pour vivre ce rêve, pour être au plus près de ma petite fille. Et je n'ai pas su voir, pas su sentir que son père abusait d'elle alors que j'étais dans la maison. Il n'y a rien à faire, je n'ai pas su être une « maman, maman » avec mon bébé. Je n'ai pas su et la belle image, la belle assurance que j'avais en moi en tant que mère, s'est déchirée en deux. Comble de l'histoire, je ne suis pas partie pour elle, mais pour moi.

Alors voilà, je peux décider de m'arrêter là et continuer à souffrir, attendre ce nouvel enfant dans la crainte et la patience qu'il atteigne enfin quatre ans, juste parce que j'ai peur de ne pas être à la hauteur avant. Je ne sais pas comment restaurer mon image de mère. J'ai beau me répéter que j'ai su protéger Claire … après … cela reste après. Tout le monde me le répète, mais ça ne rentre pas. Parce que le mur de la culpabilité reste imperméable, je le veux imperméable, en béton. Et je m'y étouffe dans cette cage de silence, car l'imperméabilité fonctionne dans les deux sens. Rien ne ressort, loi du silence oblige. Surtout ne pas faire de vagues, protéger les autres, leur mentir et finalement se mentir à soi-même. Se jouer sa propre comédie, si bien, avec une telle habitude, que cela en devient de plus en plus facile, un simple automatisme qui se met en marche tout seul.

Je ne peux plus protéger tout le monde. Je ne peux plus continuer à mentir. Je veux vivre, parler, rire, enfanter, aimer, être aimée.

Je ne suis pas responsable de ce qui est arrivé à Claire. Je ne suis responsable que de la souffrance que j'entretiens par un fonctionnement qu'il me faut changer. Je ne suis pas responsable du souci que peuvent se faire pour moi ceux qui m'aiment.

À un moment donné, on n'a pas d'autre choix que de faire confiance à son enfant parce qu'il s'agit de son histoire et pas de la nôtre. On peut être là, écouter, être attentive et vigilante, mais on ne peut pas lui en rajouter avec nos propres maux.

Ni Claire, ni l'enfant à venir n'ont à porter ma culpabilité. Quant à moi, je décide de m'en séparer. Culpabilité de mère et culpabilité de fille.

Je tâtonne, je ne sais pas trop comment faire, mais je vais commencer par le commencement : arrêtez de mentir et de jouer la comédie.

PARTIE II

APRES LE SILENCE, LA RENAISSANCE

Toulouse, le 16 janvier 2019

Survivre ne me suffit plus

Au départ, je ne devais écrire qu'une seule lettre, destinée à ma mère. Ce ne suffira pas.

Je recommence ce soir à écrire … enfin. Je me suis trop longtemps tue, tuée par ce silence, murée dans les bonnes manières, prisonnière d'un rôle que les autres m'ont imposé, et que finalement j'ai accepté.

Je ne veux plus mourir, je veux vivre.

Pour cela, je dois me libérer des entraves qui me scient les mains, les pieds.

Alors je commence là mon travail d'écriture, survivre ne me suffit plus.

Toulouse, le 16 janvier 2019

Lettre à ma mère

P'tite Mum,

Je t'appelle ainsi car je ne peux t'appeler maman. Ce mot-là était réservé à une autre que toi, à une maman, une vraie. Tu sais, celle qui fait des câlins, qui console lorsqu'on est triste, qui prépare les goûters d'anniversaire. Celle qui accueille dans son lit lorsqu'on a peur le soir et qu'on n'arrive pas à trouver le sommeil. Celle qui protège contre les mots, contre les gestes qu'on ne devrait pas connaître enfant.

Une maman, ma maman, ce n'est pas toi.

Par où commencer ?

Par ton absence … dès ma naissance. Tu m'as abandonnée à des mains étrangères qui m'ont touchée, palpée, changée sans amour, comme dans un orphelinat. Je t'ai perdue avant même de te connaître.

Ah, j'oubliais nos grands moments de connivence, les seuls dont je me souvienne : tu me prenais faire des emplettes, souvent avant la rentrée scolaire. Nous choisissions alors ma tenue pour le premier jour d'école. J'étais heureuse de ce moment partagé.

Après rien. Zéro souvenir de conversation, de discussion … nada … parce qu'il n'y en avait pas. Lorsque je te parlais de mes petites histoires d'amitié, de mes tracas d'enfants, tu les balayais d'un geste désinvolte de la main … « ce n'est rien. »

Tu ne m'as pas manquée parce que j'avais Maria. À elle, je disais tout parce que je pouvais tout lui dire. Et avec elle, je riais aussi. J'étais heureuse.

J'avais Maria et Élodie, et puis il y avait mes frères aussi.

Toi, tu m'amenais sur la tombe de tes parents le jour de mon anniversaire, après m'avoir offert mon seul souhait, une poupée. Grâce à toi, je hais mon anniversaire. Marquée à vif de tes pleurs silencieux sur la tombe de ta mère suicidée et de mon grand-père adoré. Comment as-tu pu me faire ça ?

Quel genre de mère peut-elle faire ça ? Toi.

J'ai bien senti que tu n'étais plus du tout avec nous du haut de mes dix ans. Tu étais ailleurs, dans les bras d'un autre que mon père. Mais cette histoire-là, tu as eu la délicatesse d'attendre mes quinze ans pour me la révéler. Ainsi, tu avais retrouvé ton premier amour, une passion dépassant de loin l'amour conjugal.

A seize ans, j'ai voulu me libérer d'un lourd secret, je t'ai expliqué que Rodolphe, mon frère chéri, avait tenté de me violer. J'avais alors douze ans, il en avait vingt.

Je plongeais en dépression et tu m'avais interrogée pour en comprendre les raisons. Tu as même effleuré le sujet « quelqu'un t'a-t-il touchée ? », jusqu'à citer des noms d'auteurs potentiels parmi nos voisins.

Ce jour-là, j'avais trouvé le courage de répondre à ta question. Est-ce que tu m'as crue ? Je me rappelle encore, nous étions dans la salle de bain.

Tu m'as regardée, puis tu as fait comme si tu n'avais rien entendu. Tu ne m'en as plus jamais parlé. Et la petite fille est restée seule encore une fois. Je n'ai pas compris ta réaction.

J'en ai conclu que c'était moi la méchante, j'avais fait quelque chose de mal, je devais être punie, je n'étais décidément pas une enfant aimable.

Toute mon enfance, tu m'as offert ta culpabilité. Culpabilité de n'avoir pas su retenir ta mère dans son geste suicidaire, culpabilité de tromper ton mari, culpabilité d'avoir été une mère absente.

Tu m'as bercée de ta nostalgie, tes regrets, tes remords.

Enfin, tu m'as fait un cadeau. Je suis devenue une confidente, tu m'as fait vivre par procuration ton histoire avec ton amant, vos tristes ruptures, vos retrouvailles enthousiastes.

Tu m'as raconté ta vie avec mon père, ses maîtresses, son impuissance à quarante-cinq ans … Je suis devenue votre trait d'union.

J'ai endossé le rôle de conciliatrice. Un peu large, le costume, je peux bien te l'avouer, pour une gamine de seize ans.

Et je pensais enfin être aimée, regardée, considérée. Je me suis trompée. J'ai été bien naïve. J'étais une enfant prise en otage et le calvaire a continué, autrement, plus sournois, plus aliénant. Je ne voulais pas te décevoir. J'avais peur que tu ne m'aimes plus, que tu me laisses encore. Cela aurait été préférable pour moi. Je n'aurais pas vécu dans l'illusion.

Je me suis mariée avec un monstre.

L'histoire a été terrible, bouleversante. Je me suis réfugiée chez vous. Je ne me rappelle pas précisément ton attitude. Je me souviens néanmoins d'une conversation au cours de laquelle je qualifiais mon père de tyran, rendant prévisible la rencontre avec Lucas. Tu as acquiescé mollement.

Et puis Claire, notre fille, a été la cible de ce dégénéré.

Nous avons tous basculé dans l'horreur, dans l'incompréhensible. Ta culpabilité est revenue au galop : tu n'avais rien vu de ce que vivait ta petite-fille, toi, la pédiatre de renom.

Moi je ne pensais qu'à une chose, protéger Claire. Elle est devenue mon combat.

Toi, tu étais fatiguée, lasse. Papa m'avertissait « tu vas tuer ta mère si tu continues la lutte. » Je l'ai chassé de mon appartement, et à partir de ce moment-là, je n'ai plus vraiment compté sur toi.

Tu es celle qui ne se bat pas, qui ne se défend pas, qui ne protège pas ses enfants. Tu es celle qui a choisi de rester avec un homme manipulateur. Tu n'es pas mon modèle. Je me suis forgée seule et j'en suis fière. Oui, je suis fière de la femme que je deviens et ce n'est pas grâce à toi.

Demain tu veux que je t'accompagne à une réunion de médecin. Je sais très bien qu'il y aura ton amant.

Aujourd'hui, je ne suis plus ton otage, tu iras seule, en taxi, avec papa … débrouille-toi. Je ne serai pas là. Je ne suis plus là pour toi.

Toulouse, le 16 janvier 2019

Lettre à mon père

Papa,

Mon cher papa… tu n'es pas celui que je croyais, tu n'es plus le Dieu que tu t'es institué à mes yeux depuis ma petite enfance.

Non, toi, tu n'es pas un papa. Tu es un manipulateur de première, mais aujourd'hui j'y vois clair, je ne suis plus aveuglée par l'amour que je dois à un père.

J'ai compris ta véritable nature, quelques mois après m'être enfuie de mon domicile conjugal, en 2001. Puis j'ai préféré oublier cette vérité, je devais faire face à une autre réalité et me concentrer sur la protection de mon enfant.

Je me suis oubliée et je n'ai pas écouté mon enfant intérieure qui criait de ne plus t'approcher.

Tu es un tyran et de tes crises de rage, tu écrases toute personne te faisant obstacle.

Maman comprise.

Petite, j'étais terrifiée par tes colères légendaires.

Hélas, aujourd'hui, je les crains encore et je n'ose affronter.

Alors je t'écris… et je te fuis.

Toulouse, le 18 juin 2019

Lettre à mon frère[3]

Rodolphe,

Il est 4 heures du matin et mon sommeil s'achève : plus envie de dormir, mais nécessité impérieuse de poser sur le papier ces mots qui tournent dans ma tête comme une trop vieille rengaine.

Je ne sais pas si tu les recevras. Ils sont la gifle que je n'ai jamais pu te donner : violente et puissante.

Ce sont des mots que je n'ai jamais pu dire : j'étais trop petite. Lorsque j'ai grandi, ils sont devenus interdits : il ne fallait pas faire de vagues dans notre famille. Il était important de savoir se taire.

Aujourd'hui, je ne peux plus rester muette. Je crie, je réclame justice à ma façon. Je veux dire toute ma souffrance pour qu'enfin elle soit reconnue, entendue. Je suis fatiguée de me battre en silence contre ce mal qui me ronge.

---

[3] Note de l'auteur : je n'ai à cette date que le souvenir de m'être échappée du lit dans lequel mon frère voulait me violer. En réalité, ce fut sa dernière agression, autant que je m'en souvienne en date d'aujourd'hui, le 13 octobre 2024. Il m'aura fallu attendre février 2024 pour que les viols qu'il me faisait subir remontent à ma mémoire. Je n'ai pas envoyé cette lettre.

Pourquoi m'as-tu fait cela ? Je te cherche des excuses, mais plus je t'en trouve, plus je minimise ma douleur et donc fais grandir ma souffrance. Je ne peux, ni ne veux, plus trouver d'excuses qui ne sont que prétextes, à ce grand frère que j'aimais tant.

À l'époque, j'étais une petite fille et tu étais tout pour moi. Tu étais mon protecteur, mon grand frère en qui je pouvais avoir confiance. Mon modèle, mon idole. J'aurais tout fait pour toi. J'avais quel âge ? Douze ans … Treize ans ? Peu importe, j'étais une enfant.

En l'absence de notre père, tu avais pris sa place. Tu étais mon référent.

J'ai envie de te gifler, fort, très fort. Je ne suis plus cette enfant docile et soumise et surtout je veux vivre. Je veux cesser de mourir à petit feu, alors je vais régler mes comptes : je vais te gifler.

Tu n'as aucune idée des conséquences de tes actes, je vais t'en donner un aperçu.

Après que tu m'aies demandé « de quoi te souviens-tu exactement ? » tu m'as dit « être soulagé qu'on ne soit pas allés plus loin. » Je corrige tout de suite : que TU ne sois pas allé plus loin. Je n'étais pas de la partie. Tu agissais seul car je te rappelle que tu étais le seul adulte.

Tu le dis comme si tu te dédouanais de quelque chose, mais comment te le dire pour que tu comprennes vraiment ? Le mal était fait ! Alors oui, tu ne m'as pas violée. Mais oui, tu as volé mon enfance et tu as brisé la femme en devenir que j'étais.

À partir de cet instant, à partir du moment où tu as caressé mes fesses en me disant que j'étais belle, dès la minute où tu m'as clairement signifié ton désir sexuel, je suis devenue un objet sexuel.

Mon désir n'a plus d'importance. Seul compte le plaisir de l'autre. J'ai fait des rencontres qui allaient en ce sens, je me suis salie, j'ai été bafouée.

Dès mon premier rapport sexuel, j'ai fait ce que l'homme me disait de faire, sans désir, sans plaisir. Je ne peux pas avoir accès à autre chose, même aujourd'hui, même après dix ans de thérapie - je ne compte pas les années « blanches » - même avec mon mari.

Je te déteste et te hais pour la mutilation que tu m'as infligée.

Cela fait si longtemps, je devrais avoir oublié, peut-être, ou pardonné.

Ce n'est pas le cas. La souffrance est toujours vive car je me suis murée dans le silence, bien obligée. Les appels que j'ai lancés sont restés sans réponse. Ce silence m'épuise, j'en crève.

Je suis fatiguée de me battre seule, seule contre mes démons, seule dans ma muraille de souffrance.

Je suis épuisée.

Tu me dis vouloir m'accompagner chez ma psychologue, chez mon psychiatre pour en parler. Tu me dis que cela te ferait du bien aussi.

Romuald, je me fous que cela te fasse du bien. C'est moi qu'il faut sauver, toi … peu importe après toutes ces années.

Toulouse, le 21 juin 2021

Toi qui me lis, premier lecteur de mon existence

J'ai envie de te dire sans t'écrire à toi là, exclusivement. J'ai envie d'écrire au-delà de toi, au-delà de moi. Mais c'est à toi que j'ai envie de dire comme une première fois.

Tu seras mon premier lecteur, le premier à recevoir mes mots posés sur ma guérison, mes mots de vie. Mon premier lecteur de l'existence.

Je suis une « surviveuse » : une survivante heureuse et chaque jour qui passe m'offre une vie plus belle encore.

Je me surprends à vivre. Il y a la vie tracée et longiligne, il y a des chemins décrits, du deuil, de la maladie, de la guérison, que sais-je encore ? Toute une série de listes de ce que tout le monde traverse dans les épreuves, les étapes, les échecs distillés à l'avance, les réussites plus ou moins faussement, souhaitées à l'autre – « mais si tu vas voir, tu vas y arriver. »

Qu'en sais-tu, toi qui ne souffres pas ? Toi qui connais si peu de l'angoisse. Moi, j'ai grandi dans le gris et j'ai fini par tomber dans une obscurité totale, le néant absolu. Une angoisse indescriptible m'a fait espérer la mort sans penser aux conséquences, juste pour que la souffrance s'arrête enfin.

Je suis le témoin d'un douloureux et éclatant voyage, celui du passage de la mort à la vie.

Il y a trois ans à peine, j'étais vieille, déjà. Chaque jour passé, traversé dans le noir de l'angoisse, était une petite victoire, un combat en fait, qui me laissait exsangue de toute force, vidée jusqu'à la moelle, du moindre soupçon d'énergie vitale.

Alors je comptais les jours comme on égraine un chapelet en faisant des prières pour qu'enfin je puisse vivre ne serait-ce qu'une journée en paix. Et j'attendais que ça passe.

Je suis passée de la mort à la vie grâce à un savant mélange de EMDR et de sophrologie, grâce à ma volonté aussi, je me le dois. J'y suis allée dans ce qui me faisait mourir et j'ai regardé bien en face, soutenu le regard de mes bourreaux.

J'ai revécu la peur, l'humiliation, les trahisons, les agressions, les dominations, les manipulations, les abandons. J'ai tout revécu dans les détails. J'ai regardé le mal en face en EMDR[4] tandis que je recontactais mon être en sophrologie. J'ai trouvé ma force de vie pour affronter la force de la mort.

Je suis allée au cœur de moi-même pour retrouver ma flamme intérieure et expurger tous ceux qui tentaient de l'éteindre.

Et je suis en vie, en belle vie. La laideur, l'indicible horreur, je sais ce que c'est. J'en ai tant vu, tant subi. Mais ce n'est pas ce qui me construit, je la regarde aujourd'hui, je les connais, je les reconnais. Mais je ne les porte plus en moi.

---

[4] EMDR : Eye Movement Desensitization and Reprocessing

J'en suis lavée, je ne les oublierai pas, mais je veux me souvenir des belles choses. Et d'ailleurs, ce n'est pas un vœu pieux. C'est ainsi, mon regard se porte désormais sur le Beau.

Il y a dans mon passage de la mort à la vie une sorte de rite initiatique. Je suis tatouée et le marquage a été long, douloureux. Il n'est pas beau et je le porte aujourd'hui avec une certaine fierté car j'ai su en guérir. Et je peux témoigner qu'on peut être condamnée à l'errance de l'âme par les spécialistes qui proposent un soutien bienveillant à coups de médicaments, et sortir de l'enfer pour enfin, naître à soi-même. Douceur d'être.

Aujourd'hui, la vie ou peut être moi tout simplement, me fait faire des petits sauts espiègles d'un côté ou de l'autre d'un chemin rectiligne, droit. Je me surprends à être surprise et je m'émerveille des petits uppercuts, des imprévisibles qui me font me sentir vivante. Je ne suis plus chef de projet de ma vie, je n'essaie plus de tout caler, tout prévoir, tout anticiper, je savoure les surprises et les découvertes. Je déguste les saveurs en toutes choses. Je célèbre la vie.

Et peu importe le temps qu'il me reste, j'ai le temps de le vivre.

Carcassonne, le 21 juin 2021

Femme fontaine

« Comment le Beau peut-il faire ressurgir la blessure ? Comme si l'attention et le respect porté par l'Autre – mon bel amant - à cet endroit intime, humilié et bafoué, m'incitait à prendre conscience de cette blessure infligée. Pour mieux la caresser peut-être, pour en prendre soin et pour que finalement la résilience s'installe là aussi, au plus profonde mon intimité. Et la douleur s'éloigne, la morsure infâme, pour laisser la place à une douce vague de plaisir et de désir de vivre.

Je suis une femme fontaine, les mots jaillissent de moi, en même temps que les larmes d'émotion profonde et ce fluide surprenant, d'origine inconnue, chaud et doux, inattendu et imprévisible.

Je suis une femme fontaine. Comme si la douceur attirait inexorablement la beauté au-delà de la laideur. »

Carcassonne, le 21 juin 2021

Boulimie

Je ne devais pas avoir 10 ans lorsque je me suis faite vomir pour la première fois : j'étais dans mon lit au début de la nuit et j'avais peur.

J'appelais ma mère à travers la cloison qui séparait nos chambres et elle me répondait invariablement « Chut. Rendors-toi » ou « Tais-toi. Dors. »

Mais moi j'avais peur. Alors j'ai imaginé ce que je pouvais faire pour qu'elle vienne me prendre dans ses bras. J'ai mis mon index et mon majeur au fond de ma bouche à m'en faire vomir. Elle n'est pas venue.

J'ai grandi, seule, sentant un danger impalpable et incompréhensible autour de moi.

J'avais douze ans quand mon frère de vingt ans a essayé de me violer. Oh, ce n'était pas agressif à mes yeux. Je n'ai pas compris la violence de ses caresses, de ses mots tendres, de ceux qu'on adresse à son amante. Je n'avais pas idée de ces choses-là.

Qu'est-ce qui m'a fait m'échapper, m'éclipser de l'étreinte de ce grand frère adoré ? Je crois que c'est à ma flamme intérieure, à mon instinct de survie, que je dois la vie.

Je me suis enfuie, mais j'étais salie et brusquement projetée dans un monde inverse de l'innocence.

J'en ai parlé à ma mère, mais elle ne m'a pas entendue. J'ai continué à vivre en présence de ce grand frère qui finalement m'aimait si fort qu'il avait voulu « me faire l'amour. » Il n'était pas méchant et j'étais la responsable. La peur rôdait toujours. Je devais sourire, ne pas faire de vagues, surtout ne plus rien dire, me taire.

Je me suis tue, je me suis tuée à coups de mutilation, à coups de boulimie, à coups de remplissages et de régurgitations.

Je me vomissais moi-même. Je cherchais un moyen de me punir, de me faire du mal. Je voulais annihiler ce corps qui prenait des allures de femme, qui attirait le regard des hommes. L'empêcher d'être, l'empêcher de devenir.

Ma boulimie s'est amplifiée lorsque j'ai eu mes premiers copains. Je ne dis pas « amoureux », j'étais incapable d'aimer. La crise était assurée si mon copain du moment regardait une autre jeune fille dans la rue.

Je la trouvais plus belle, plus mince. Moi, trop insipide, trop grosse, pas assez attirante. Je me remplissais de gâteaux en tous genres, de sucre surtout, puis je me faisais vomir.

Mon manque affectif et la détestation de mon corps s'exprimaient par les remplissages et les régurgitations.

J'avais la gorge en feu, brûlée par les sucs gastriques. Après avoir consulté un psychiatre léger sur le sujet de l'inceste « Oh, vous savez, entre frères et sœurs, c'est assez banal finalement », j'ai consulté un généraliste qui m'a assurée, après avoir compris que j'étais boulimique, « Oh, vous savez, la boulimie a 20 ans, c'est assez courant. »

Mes maux étaient officiellement devenus banals.

Si être boulimique à vingt ans ne semblait pas être grand-chose d'autre qu'une sorte de petite mélancolie romantique, être boulimique à quarante-cinq ans est beaucoup plus honteux.

Il s'est donc passé vingt-cinq ans de troubles alimentaires sans que j'en dise quoi que ce soit. J'ai finalement réussi à canaliser les régurgitations, mais les crises de remplissage sont restées présentes jusqu'à peu.

Évidemment, j'ai fait le yoyo de la bascule, je pouvais perdre 5 kilos en trois semaines (en phase de dépression) et en reprendre de 10 en deux mois (merci les médicaments).

J'ai donc rencontré des médecins nutritionnistes, des diététiciennes en tous genres. A la bonne dose de souffrance que je vivais déjà, s'est ajoutée la culpabilité. Je devrais plutôt dire que ces chers soignants ont cordialement invitée puis installée celle-ci dans ma vie.

Ils m'ont appris ce que je pouvais manger (les trucs à l'eau, sans trop de matières grasses, les protéines à fond - ça nourrit, ça coupe la faim et consomme beaucoup d'énergie) et ce que je devais bannir (le sucre, les féculents un peu, mais pas trop, l'alcool...)

Moi je suis une gourmande, j'aime cuisiner et partager mes plats, entourée de mes enfants, mes amis, etc. Mais j'ai pu observer que globalement, les endives à l'eau ne rameutent pas les foules.

Bref, à bas le plaisir, vive les frustrations aveugles de tout besoin ou de toute envie ressentis dans mon corps. D'ailleurs, en dehors des moments coupables, je ne ressentais plus rien.

Bien sûr, je tenais de moins en moins les régimes. Le dernier a été l'apothéose de - passez-moi l'expression - « la connerie. »

La personne qui me l'a prescrit était « médecin nutritionniste remboursée par la sécu. » Elle m'a pesée : « Houlà 72 kilos, IMC[5] proche de l'obésité. Matière grasse 35,2 %, ah, on aurait pu imaginer pire. » Ouf, enfin une bonne nouvelle !

« Bon, faut se reprendre en main, la ménopause approche, ça craint. »

---

[5] IMC : Indice de Masse Corporelle

Elle me donne une feuille photocopiée sans m'avoir posé la moindre question sur mes habitudes alimentaires, mes goûts, mes pulsions, etc.

Sur cette feuille, ce que l'on doit faire dans mon cas (objectif, moins 10 kilos) : dissociation, sucres – graisses / féculents une fois par semaine / 40 grammes de pain au petit déjeuner à ne pas dépasser / beaucoup de protéines qui calent / peu de fruits, c'est plein de sucre / beaucoup de légumes, zéro calorie, à éviter néanmoins les carottes, trop sucrées.

J'ai commencé ce régime un mercredi, j'ai tenu jusqu'au vendredi. Moment du départ de mon fils en garde alternée et là, petit choc émotionnel, ajouté à la frustration, je vous le donne en mille : j'ai avalé, englouti en quinze minutes toutes les douceurs disponibles dans mes placards. Une vraie fiesta du sucre !

C'est étonnant cette façon dont ces sachants de l'alimentation m'ont mise au pilori là où j'aurais dû être rassurée, réconfortée.

En clinique, tandis que je luttais contre des pulsions violentes de suicide et une faim réelle due aux médicaments, j'étais stigmatisée comme étant « celle qui doit maigrir. »

Nous étions plusieurs dans mon cas et cela ne posait aucun problème à ces savants de la nutrition de nous apporter des plateaux repas « tout à l'eau », tandis que nos voisins de table dégustaient des plateaux « tout en saveurs. » Eh oui, mais eux devaient réapprendre à savourer ce qu'ils ingéraient. Il y avait donc les gentils, minces, voire maigres qu'il faut aider et choyer, et les méchants, grassouillets, qu'il faut brimer. Intéressant à vivre pour des personnes en dépression.

La sophrologie m'a réappris à savourer la vie sous toutes ses formes et il y avait néanmoins un clivage insurmontable : comment être dans la dégustation et la culpabilité, l'envie et la frustration en même temps ?

J'étais dans une impasse et c'est une diététicienne qui m'en a sortie.

À l'inverse de toutes les mauvaises rencontres que j'ai pu faire en vingt ans dans ce domaine, elle m'a parlé de plaisir, de sensations corporelles, de prise de conscience, de saveurs, d'émotions. Elle ne m'a pas pesée, ni demandé mon IMC. Je ne me rappelle même pas qu'elle ait posé un regard réprobateur sur mon corps, entendu du genre « je vous regarde ainsi, mais bon, vous savez pourquoi. »

Aucun régime - ce doit être un mot grossier pour elle - aucun aliment interdit. Un équilibre alimentaire et un poids de forme tout au plus.

Je me régale de déguster, de me faire de jolies assiettes. Je découvre le plaisir de me cuisiner des plats simples mais désirables à mes yeux.

D'un coup de baguette magique et d'un coup de sophrologie, mes sensations sont revenues. J'ai appris l'écoute de mon corps. J'ai dégusté pleinement les aliments.

J'ai retrouvé une simplicité naturelle et la culpabilité s'est envolée. Les crises de boulimie aussi.

Il est des rencontres que j'aurais aimées éviter et d'autres que j'aurais aimées faire avant.

Une chose est sûre, la rencontre avec Florence est de celles qui s'inscrivent dans un festif mouvement de vie.

Toulouse, le 22 juin 2021

Enfer et paradis

L'EMDR pour sortir de l'enfer, la sophrologie pour rentrer dans mon paradis.

Entre les deux : une danse, un mouvement, un pas de l'une vers l'autre, de l'autre vers l'une.

La sophrologie m'a apporté la confiance, la foi en moi, en ma capacité d'affronter l'inénarrable, l'indicible. Elle me redonnait la parole.

Cette voix, je la portais en EMDR, lieu d'affrontement violent avec mes démons. Je trouvais en sophrologie, la force de revivre les images, les odeurs, les sensations, l'aliénation pendant les séances d'EMDR. J'allais au creux de moi, pour en chasser les autres, ceux qui m'avaient détruite, ravagée. Ceux qui me faisaient mourir.

Ma psychologue a dû s'arrêter de travailler pendant six mois. C'était en juillet 2019 et je devais passer ma certification de sophrologie en décembre de la même année. J'ai pensé que j'allais m'effondrer, seule à passer le gué. Elle m'a rassurée, elle avait foi en moi.

J'ai continué à avancer seule, soutenue par la sophrologie. J'ai vu que je ne perdais pas l'équilibre, je faisais un pas devant l'autre sans tomber.

J'en suis fière, vraiment.

Cette absence de l'accompagnant a développé ma confiance en moi. J'étais capable de trouver le goût de ma vie, son sens. Sans personne, sans aide. Seule.

Je crois que c'est ma plus belle découverte. Elle résonne avec la toute petite fille que j'étais en haut d'une passerelle d'avion. Les adultes voulaient m'aider, mais je refusais. Je ne voulais déjà plus compter sur eux. J'étais instable, mais je disais fermement « seule, hein, toute seule ! » Et j'ai descendu cet escalier à claire voie, marche après marche, en me concentrant sur chaque pas, sans regarder le vide autour de moi.

Lorsque je suis enfin arrivée sur la terre ferme, j'étais si fière de moi.

Carcassonne, le 23 juin 2021

Témoin d'un douloureux et éclatant voyage

Peu importe le temps qu'il me reste, je choisis de le vivre.

Je suis le témoin d'un voyage douloureux et éclatant, celui du passage de la mort à la vie.

La liberté, l'authenticité du lien et de la parole viennent à moi. En filigrane : témoignage, mission…

Je revis le témoignage que j'ai porté haut, sans élever la voix, mais avec résilience et joie.

Se peut-il que j'aie eu à subir tant de souffrances, d'humiliations et de honte pour que je sois plus qu'un témoin, une preuve par a+b que oui, on peut en sortir ? Oui, on peut voir le Beau.

Le Beau que j'ai reçu en étincelles qui ne demandaient qu'à s'enflammer dans tout mon Être, mais qui étaient étouffées par des voiles occultants.

Les mots sont là et je reçois une urgence espiègle à les écrire, à les dire. Une urgence parfois insupportable : aurais-je le temps de tout dire ?

Il y a quelque chose qui ne m'appartient pas dans le témoignage de mon voyage, quelque chose qui vous appartient déjà.

Carcassonne, le 23 juin 2021

Témoins de l'Espoir

« Mon voisin Alain m'énerve. Il n'a pas voulu suivre la séance de sophrologie - intitulée « dernier souffle » - guidée par Bernard et le voici qui écrit sur son bloc-note. Je n'entends que la pointe de son Bic qui martèle le papier. J'imagine ma plume glisser en déposant mes mots.

Je me lance dans une philosophie de l'écriture : comment peut-on écrire avec un Bic ?? Pointillisme. Je vois Pissarro peindre son tableau à coups de petits points colorés. Ok, Alain peint son propre tableau. Je le laisse faire. J'entends d'autres bruits, des voix. Finalement je suis à l'aube de mon dernier souffle et est-ce le silence que j'ai envie d'entendre ?

Non, je suis dans le bruit du lien, dans ses résonances. Je suis entourée de ceux que j'aime, ma famille, mes amis, des rencontres aussi qui ont été plus ou moins brèves, elles ont toutes le point commun d'avoir été authentiques. Convergences vers un point, loin là-bas.

Je ressens la présence des absents, des disparus et des morts. Avec toujours la même évidence : l'authenticité du lien, la sincérité de la parole vraie. Ils ont été témoins aussi, apportant l'espoir. Cela va au-delà de ceux que j'ai connus, il est ici question d'une temporalité qui n'existe pas, une chaîne qui démarre dans les temps immémoriaux et qui va à l'infini. Je ne suis qu'un maillon de cette chaîne qui ne se rompra jamais. Un maillon qui n'est pas figé, comme si le lien était au-delà de la matière.

Je vis mon dernier souffle et je parle au futur. »

Carcassonne, le 23 juin 2021

Résilience

Il y aura eu l'avant et l'après vivance.

Avant, la Résilience était pour moi un peu comme la Joie, des jolis mots, des beaux plats, des recettes de cuisine savoureuses dont je n'avais pas les ingrédients dans mes placards.

Après, maintenant et pour l'avenir, sans compter ce que j'y vivrai et que je ne connais pas encore, la résilience est un lever de soleil, une aurore boréale faite de mille lumières ondoyantes.

Un lever de soleil qui m'éblouit, me pénètre au plus profond de mon être et me réchauffe doucement, comme on fait revenir à la vie une toute petite flamme presque éteinte.

Une aurore boréale comme une vague de mille couleurs subtiles qui ondule doucement d'abord, puis envahit tout mon corps.

Elle panse ma plaie. Mais elle n'est pas un vulgaire pansement que l'on pose là, non, elle est un souffle léger et délicat. Elle est délicatesse et élégance. Par une infinie caresse, elle autorise cette partie de mon corps à renaître à la vie. Elle est mon invitation à vivre. Elle est le manteau de velours d'or qui m'enveloppe.

Résilience, quelle douce mélodie à mes oreilles, je ne me lasse pas de l'entendre, de l'écouter se répandre en moi comme le plus précieux des cadeaux.

Mais je parle de moi, c'est une hérésie, la Résilience se partage, elle est universelle, lumière sacrée. Elle se dit, elle se rit, elle se vit.

Je ne la redonne pas, je ne la partage pas au sens où l'on diviserait un gâteau en parts égales. D'ailleurs, elle ne m'appartient pas.

Non, la Résilience est bien plus subtile que ça. Elle est comme l'amour d'une mère pour ses enfants : immense et infini.

Carcassonne, le 23 juin 2021

En l'absence de Klimt

Mon amant vient de partir et je ne ressens pas la morsure de la frustration. Je ne revis pas le verdict qui tombe : « tu n'as pas joui et ne jouiras jamais. »

Avec les autres, je criais « c'est trop rapide, donne-moi tes mains, caresse-moi, prends-moi dans tes bras, pas si vite, pas comme ça…» Au début de ces relations, je criais « encore », parce que le désir était encore là, inassouvi, affamé, au point d'en être douloureux.

J'interrogeais mes amis, les médecins et je recevais leurs regards condescendants ou plutôt apitoyés, leurs haussements d'épaules.

J'en concluais que tout était de ma faute, de mon maudit passé qui revenait dans mon présent. Quel présent, au fait ? Il n'avait pas de consistance, pas d'épaisseur, pas d'existence.

Et de fait, pendant que l'autre me baisait, je revoyais l'image de mon frère, je ressentais ses caresses, j'entendais ses mots tendres - même si les autres ne prenaient pas la peine de m'en dire. Je revivais son corps plaqué contre le mien, son souffle dans ma nuque.

J'étais un objet dont les autres pouvaient se servir.

« Pouvaient » : parce que finalement je leur accordais ce qu'ils voulaient, comme ils voulaient, dans le temps qu'ils voulaient. Pour Lucas : douze minutes top chrono, tout compris, invariablement.

Comment la jeune fille de 14 ans, émue devant le baiser de Gustave Klimt, a-t-elle pu en arriver à accepter toutes ces humiliations, tous ces petits viols qui ont brisé à chaque aller-retour vide d'émotion, le désir de cette jeune fille, de cette jeune femme ?

L'origine du mal remonte si loin de mon enfance, ai-je oublié ?

J'ai l'intime conviction que ce qui me reste des abus infantiles, cette scène où mon frère a voulu me violer, n'est que le haut visible de l'iceberg…

Toulouse, le 24 juin 2021

Une vague

Mon amant vient de partir, je me mets à l'écoute des sensations dans mon corps. Me mettre à l'écoute des signes de vie en moi, je voudrais en faire ma philosophie.

Je sens une douce, subtile vague, qui part de mon sexe et remonte dans le bas de mon ventre.

Elle est au creux de moi profonde. Sa manance et rétromanance[6] l'amplifie, comme un mouvement vertueux, une vague qui déferle à l'infini.

Je ressens sa puissance en sourdine, elle ne m'est pas promise. Je ne l'attends pas, je n'ose l'espérer, de peur de la briser.

Je savoure ce souffle léger là, au creux de moi. Je lui laisse la place d'être à son rythme qui ne m'appartient pas. Ce souffle, je le nomme aujourd'hui « liberté. » Demain, il appellera peut-être un autre nom, qu'en sais-je de demain ? Rien.

---

[6] Manance et rétromanance : en sophrologie Caycédienne, mouvements de la conscience qui va d'un niveau -vers l'éveil- à un autre -vers le sommeil.

Toulouse, le 26 juin 2021

Nymphose

En cinq mois, j'ai fait mien le jardin en friche de la maison que je venais d'acheter.

Sa transformation est ma nymphose, ma métamorphose de chenille en papillon.

Ce changement radical, je devais le finaliser seule. J'ai traversé cinq mois de solitude intense, profonde. Au début, je l'ai vécue comme une brûlure, j'avais si mal. Il ne s'agissait pas d'une brûlure localisée, là, en un petit endroit de mon corps, non, je brûlais entièrement, esprit compris.

Vraiment, j'ai eu mal.

Peu à peu, comme on entrouvre une porte, sans faire de bruit, pour ne pas réveiller l'enfant qui dort là, la paix et la confiance se sont faufilées en moi.

Au début, j'ai crié « Stop, n'avancez pas. Vous ne pouvez pas, j'ai trop mal. » Alors elles m'ont envoyé mille ondes de douceur, sans me toucher le corps : elles s'adressaient à mon âme.

J'ai eu moins peur, j'ai baissé mon bouclier et je les ai laissées entrer.

La confiance me disait : « Regarde, retourne-toi doucement et vois tout le chemin que tu as parcouru. »

Je me suis retournée, j'ai posé mon regard sur un chemin de croix. J'ai vu un chemin rude et abrupt, fait de pierres inégales, anguleuses et aux arêtes tranchantes. J'ai vu une petite route sinueuse dans les paysages corses, entre montagnes et précipices. J'ai souvent roulé côté précipice, la peur m'a accompagnée tout au long du trajet. J'ai vu la mort de près. Je me suis vue m'éteindre, je me suis vue dans une souffrance à en crever.

Au milieu de mes songes les plus obscurs, trois ou quatre clochards se réchauffaient les mains au feu d'un brasero improvisé. Ils étaient là, debout, autour de ce vieux bidon d'essence au sommet duquel une minuscule flamme dansait. Ils se frottaient les mains pour que la chaleur inespérée entre en eux, les inonde de réconfort et de douceur dans ce froid mordant.

Ce rêve, je l'ai fait tant de fois … à chaque nuit où je me pensais morte. En me réveillant, je percevais une mélodie intérieure : l'Espoir. Alors je retroussais mes manches dans un sursaut de vie et je me relevais.

Ce jardin qui est le mien, je l'ai cultivé seule. Bien sûr, il y a eu les mains tendues, un psychiatre qui n'a pas eu froid aux yeux devant ma souffrance, une psychologue qui m'a tenu la main pour que je trébuche moins.

Mais fondamentalement, j'ai finalisé seule le chantier. J'ai taillé, coupé les branches mortes, confectionné plus d'une centaine de fagots, petits pour qu'ils passent par l'étroit couloir de ma maison sans faire trop de dégâts. Je les ai portés, remontés du fond du jardin en friche pour m'en débarrasser.

Je ne m'arrêtais jamais, la douleur physique ne pouvait suspendre mes gestes. C'était une obsession, j'ai peu dormi et même la nuit, j'accomplissais mon labeur. Je me suis donnée à fond dans ma tâche.

Ce matin très tôt, j'ai parcouru le jardin que je laisse en partant en vacances, celui qui me tarde de retrouver en rentrant alors que je ne suis pas encore partie.

Je m'offre ce mouvement de vie, j'écoute les oiseaux chanter dans ce nouveau paradis. Même Lady, ma fidèle chienne, incline la tête, comme pour mieux les entendre.

Quand je ferme les yeux là, dans cet instant où ma plume pose ses mots sur le papier, je suis en paix.

Narbonne plage, le 27 juin 2021

Étincelles

Cher lecteur,

Je crois que la vie m'a envoyé des signes, des indices pour m'indiquer le chemin. Elle a mis des étincelles de beauté en moi pour me maintenir en vie, me dire que le Beau existe, me permettre de vivre des émotions liées à la beauté, contrecarrer les sensations réelles que je vivais émanant de la laideur.

La peinture et la sculpture ont été ses vecteurs, parmi d'autres, certainement les plus importants.

J'ai toujours eu le goût des musées et des expositions.

Un de mes premiers souvenirs est un masque funéraire en or. J'avais 8 ans et mon père nous gavait de visites culturelles en Grèce. Dans ce mécanisme boulimique, en mode automatique, j'avoue que j'étais saturée et de fait, imperméable à toute émotion. Et puis je me suis retrouvée là, devant cette vitrine un peu haute, fascinée par ce masque de mort lumineux. Il était protégé par la vitre, mais cela m'importait peu. Je n'avais pas envie de le toucher. Je le touchais du regard, cela me suffisait. Il était si précieux.

Ensuite, j'ai rencontré Klimt, Gustave Klimt. Des toiles monumentales qui parlent d'amour et qui évoquent la mort aussi. Des œuvres lumineuses et rayonnantes aux détails subtils.

Je contemplais le baiser du haut de mes quatorze ans, mais je ne comprenais pas ce qu'il m'était donné à voir : la beauté dans le geste amoureux. Moi je rencontrais des peaux rugueuses, des langues intrusives, des mots menteurs. Je n'aimais pas ça, mais je voulais faire comme les autres, être normale, malgré la plaie en moi. Je me suis éloignée du tableau comme on sort d'un doux songe en se disant « dommage, ce n'était qu'un rêve. »

À partir de cet instant, je n'ai eu de cesse de visiter des expositions, je m'y sentais vivante de mes émotions, pleine de questions devant des œuvres que j'essayais de saisir. Je m'amusais à avancer et reculer devant les œuvres de Seurat et Pissarro. Au-delà des points multicolores, je voyais des formes apparaître, prendre vie sous mes yeux, c'était fascinant.

Je me laissais toucher par la grâce et le mouvement dans les tableaux des impressionnistes. En sortant de chaque exposition, j'achetais des cartes postales que je gardais dans un tiroir ou que je donnais en disant « Regarde, c'est beau. »

Lorsque j'ai rencontré Lucas, j'ai cessé mes visites du Beau, happée par la laideur sans doute. La beauté s'est arrêtée à la porte de notre voyage de noces : Venise, Florence, la Toscane. Les vierges à l'enfant, le divin comme imposé. Je me suis arrêtée là. La beauté n'a pas pu franchir le seuil, derrière la porte, ce n'était que mensonge, manipulation, torsion de l'esprit et blessures du corps.

Au fil des mois, j'ai perdu mon âme. Mes pensées, dans leurs moindres recoins, étaient remplacées par celles de l'autre. Mes élans étaient brisés nets, moqués, ratatinés par l'autre.

J'ai été vidée de mon essence et au lieu d'avoir foi en moi, j'avais confiance en l'autre. Je n'étais même pas rien, j'étais une moins que rien, et ce dans tous les domaines.

Je n'avais aucun répit, aucune île sur laquelle me réfugier. L'autre était là, sur mon épaule, dans mon corps et dans mon esprit, tel un corbeau croassant annonçant la mort.

Au lieu d'entendre la flûte enchantée, j'entendais la mort m'appeler.

Et puis sans que je m'y attende, Julie, ma grande amie depuis l'âge de 12 ans, m'a enlevée à mon bourreau, voyage à New York imposé : « j'ai deux billets d'avion, l'un est à ton nom. Si tu ne viens pas, je perds les deux. » Éloignée de l'autre, je me suis retrouvée pleurant d'émotion devant un tableau de Renoir - ne vous y trompez pas, ces pleurs étaient doux, plein de joie en écoutant une comédie musicale. Les étincelles de la vie se sont rallumées doucement, comme autant d'invitations à vivre, comme une fin à la mort. Je me suis devenue vitale et la fuite s'est imposée à moi.

J'ai retrouvé le Beau avec les Raboteurs de Parquet, de Caillebotte, la lumière sur les corps masculins en mouvement.

Les coquelicots comme les papillons ont toujours été importants pour moi. La façon dont, à partir d'un bouton poilu ou d'une chenille fripée, ils se transforment en une fleur aux pétales fragiles, un papillon aux ailes translucides. Si vous les regardez bien, vous y verrez la pureté de la lumière à travers la transparence. Et au-delà de cette délicatesse, la force de résister aux vents les plus violents.

Je me souviens d'une séance d'EMDR avec ma psychologue, Patricia, en avril 2020. Nous étions confinés, enfermés sur nous-mêmes et ma mère me disait qu'elle allait retourner vivre avec mon père, tous les jours, comme une litanie funeste. Je lui demandais d'attendre pour prendre cette décision, mais chaque jour passé à entendre la voix convaincante de mon père la ramenait dans le piège. J'entendais l'envers du décor par celle qui se confiait à moi, mais je ne pouvais rien faire. Vieille rengaine qui me faisait glisser inexorablement dans la dépression.

Les images de ma propre mort sont revenues, telles des assauts sanglants. Il m'était impossible de m'y soustraire, de m'en échapper, j'étais à nouveau prisonnière. Il était 17 heures 30 et je pensais que malgré les présences de mon fils et de mon mari dans la maison, je ne pourrais résister à l'attrait de la mort si je me réveillais en pleine nuit. Je pensais hospitalisation … pour la cinquième fois.

Patricia m'a proposé une séance à 21 heures 30. Je l'ai attendue en suspens. Au début de la séance, il n'y avait que la mort, les couteaux, le sang, c'était violent. Je voyais le liquide rouge s'écouler de mes veines, emportant ma souffrance avec lui. Patricia n'a pas eu peur et nous avons continué la séance. Peu à peu, la mort s'est éloignée. À la fin, j'étais une femme qui tenait par la main une petite fille et nous marchions vers l'horizon à travers un champ de coquelicots. J'étais en paix, la mort s'en était allée. Je n'ai plus jamais eu d'idées suicidaires. Depuis, la beauté prend toute la place et ne laisse que peu d'espace à l'agression par la laideur.

J'ai fouillé dans mes tiroirs et retrouvé toutes les cartes postales qu'il me reste, celles dont je n'ai jamais voulu me séparer. J'avais envie de te proposer un voyage à travers mes étincelles. J'ai revisité les images, je souris amusée par la vie : je te présente les coquelicots de Monet. Je l'avais oublié, comme bien d'autres d'ailleurs.

J'ai parlé au passé. Dans le présent, je t'invite, cher lecteur, au milieu de mes étincelles.

Je me suis vraiment posé la question : « Est-ce parce que j'ai rencontré cet homme que je vis la beauté de la vie ? » En répondant oui, je me sentais frustrée : la vie alors aurait triché avec moi, m'aurait en quelque sorte dupée. Je ne verrai alors la beauté que grâce à lui ? Mais non, décidément non. C'est parce que mes yeux sont sensibles à la beauté que je renais à la vie. Je ne le dois qu'à moi. Je n'ai pas besoin de lui.

Narbonne plage, le 28 juin 2021

No man's land des mots

Cette nuit, je me suis réveillée en sursaut, sans air, j'étouffais.

J'ai fait un cauchemar sans doute. J'étais revenue en arrière dans un no man's land où les morts jonchaient le sol. Et je n'avais pas de mots pour décrire le spectacle horrible sous mes yeux. J'étais muette de stupeur et de peur, terrorisée, paralysée.

J'étais au-delà de la peur, sidérée… rien, aucun mot pour crier, appeler à l'aide. Je ne pouvais que rester là, figée dans la mort.

C'était tellement douloureux que cela résonne encore dans mon corps à cette heure. Alors je m'extrais de mon lit, je sors prendre l'air qui me manque et je regarde au-dehors. Le soleil est là, caché derrière les nuages.

Il fait froid sous mon tissu de soie.

Mais le soleil est là, il ne m'éblouit pas, il est la promesse d'un rayon de chaleur.

Je t'envoie cette image. Tu verras, les lampadaires sont éteints, mais la lumière déjà est ailleurs, loin de l'artifice des humains. Elle est naturelle, elle vient de loin pour que chacun la voie.

Peu à peu, mon cœur se relâche, l'étreinte de la peur et de la mort s'éloigne de mon corps et mon esprit s'apaise. Je comprends la phrase « être fait d'ombre et de lumière. »

Je fais mienne cette lumière, que personne ne m'en veuille, elle en sera pour tout le monde.

J'ai encore froid, c'est à cause du vent. J'aimerais que quelqu'un – une personne douce et saine enfin – me prenne dans ses bras.

Narbonne plage, le 28 juin 2021

Hommage aux absents

Chers absents,

Je m'adresse à vous aujourd'hui pour vous dire merci.

Il y a parmi vous des amis de toujours, des membres de ma famille, des personnes que je croyais mes ami(e)s.

C'était au mois de janvier. Rappelez-vous, je venais d'aménager dans ma nouvelle maison. Personne n'était venu m'aider à faire les cartons de mon ancienne vie. Aucune aide ne m'a été proposée pour déménager. Toutefois, je ne demandais rien.

Je me suis installée là dans ce nouveau lieu que j'allais transformer en nid. J'ai déballé mes affaires, refait les peintures. Puis j'ai acheté beaucoup de paires de gants de jardinage, au cas où vous viendriez m'aider. Ils sont toujours emballés avec leurs étiquettes.

J'en ai souffert de votre absence, j'ai pris sur moi pour vous appeler, prétextant prendre des nouvelles, mais plus avide, je l'avoue, que vous en preniez des miennes.

J'ai souvent eu vos répondeurs et de bien pauvres textos en retour.

J'en ai bavé d'être seule, de la surface à la profondeur de mon être. Je me suis recroquevillée en position fœtale pour me réconforter, m'auto-câliner. Je me suis bercée doucement en chassant au plus loin de moi un vague sentiment de culpabilité puante « qu'ai-je fait pour en arriver là ? » Le spectre de la dépression est arrivé à grands pas : « je vous avais usés de ma maladie, de mes moments de tristesse et d'angoisse. »

Peut-être me jugiez-vous aussi, d'avoir quitté mon deuxième mari Sylvain, je vous prêtais de sombres pensées : « Elle le quitte maintenant qu'elle va mieux. » Je me sentais responsable, vous comprenez ?

Responsable de cette solitude imposée, non choisie. Double effet kiss cool d'une séparation que j'essayais de lui rendre plus douce en vous disant, à vous mes amies précieuses « occupez-vous de lui, il a besoin de vous, aussi. »

J'en ai bavé de votre absence. Je vous ai attendus, mais à ce jour vous ne connaissez toujours pas ma maison.

Puisque personne n'était là, j'ai fait le choix de me débrouiller seule. Je n'ai eu de cesse de construire ce nouveau lieu de vie, pour mon fils et moi. J'ai beaucoup peiné et suis allée au-delà même de la souffrance physique.

J'ai appris aussi à travailler le bois, j'ai réalisé des meubles sur mesure. C'est là que je suis sortie de ma position fœtale. Je me suis redressée et j'ai accepté cette solitude qui me pesait. J'ai choisi de la vivre pleinement. Je suis rentrée dedans comme on franchit le seuil du désert.

Loin du brouhaha de la vie sociale, loin des « comment vas-tu, ma chérie ? », loin du superficiel et du superflu, je suis allée à l'essentiel.

J'ai découvert que je pouvais me faire confiance et compter sur moi. J'ai découvert que j'étais solide. Pardon, je suis solide. Je suis allée marcher dans mon champ de coquelicots, j'y marche encore.

Alors oui, je vous dis merci aujourd'hui de votre absence. Sans elle, je n'aurais pas su que la vie existe à travers la solitude, aussi.

Narbonne plage, le 29 juin 2021

Les mots qui me viennent

J'allais commencer cette lettre par « Il faut que je vous dise. » Mais mon stylo imaginaire s'est bloqué, enrayé. Il n'a aucune obligation à faire quoi que ce soit, il est libre justement.

Je reprends, donc : j'ai envie de vous dire, de vous écrire au sujet de tous ces mots qui se déposent sur le papier.

J'ai entendu de la part d'un de mes premiers lecteurs « je suis content que tu puisses poser des mots sur tes maux. » D'un autre « c'est bien que tu puisses exprimer ta souffrance, ça va te faire du bien. » D'un troisième « c'est bien que tu puisses dire aux autres ce que tu penses. »

Mais non, il n'y a rien de tout cela dans les mots qui s'écrivent sous ma plume.

Mes maux sont derrière moi, du moins ceux dont je parle là, l'avenir, je ne sais pas.

Ils ne me font plus souffrir, ils ont perdu leur statut de maux, ils sont devenus mots.

Mon acte d'écriture n'a rien à voir avec une thérapie. J'ai déjà coché la case, merci.

Je ne parle aux autres que pour parler à tous.

Mes mots n'ont pas de cible, ils ne sont pas des flèches que je tire. Ils ne sont pas là pour agresser, blesser.

Ils sont là pour témoigner.

Plutôt qu'une cible et des flèches, je perçois un voilier sur la Méditerranée, visible de loin, par tous, naviguant au gré des vents qui lui sont proposés à vivre. Des vents parfois doux, parfois violents, mais toujours imprévisibles.

Voilà, ne vous y trompez pas, mes mots sont libres. Aucune chorégraphie imposée, dictée d'avance, aucun objectif à atteindre, aucune timbale à décrocher. Rien de tout cela, juste des lettres qui s'attachent les unes aux autres, des mots qui naissent, des phrases qui se dévoilent au gré de ma plume sur le papier.

Comme autant de témoignages peut-être, des preuves par A plus B, que, oui on peut sortir de l'enfer et réouvrir les yeux sur le Beau de la vie.

Narbonne plage, le 29 juin 2021

Injonction

Il est des moments dans l'enfance dont il faut - oui, j'ai bien dit « il faut » - prendre soin.

Cette injonction s'adresse aux adultes car ils peuvent d'un mot, d'une absence, d'un geste, saccager les moments d'innocence.

Et de la même façon d'un mot, d'une présence, d'un geste, faire surgir la magie de la vie.

C'est étonnant comme l'attitude de l'adulte ne restera pas dans sa mémoire tandis qu'elle restera gravée à vie dans celle de l'enfant qui grandit.

Blessure ou étincelle sur laquelle l'enfant se construit.

Il est de la responsabilité de l'adulte de décider et franchement, il ne devrait pas hésiter.

Narbonne plage, le 29 juin 2021

Jour de fête

Cher lecteur,

Je n'ai pas fini de te dire, je n'ai pas fini de t'écrire et les mots arrivent, s'imposent presque comme une urgence à dire.

Je veux te parler d'anniversaire.

À partir de mes neuf ans, le jour de mon anniversaire est devenu un rituel : déjeuner en famille avec la dernière femme de mon grand-père adoré, lui, pas elle. Lamproie au menu : c'était gluant, fort en goût, écœurant, mais ça plaisait à mes parents. Puis gâteau industriel, cadeau - une poupée comme je l'avais demandée - et hop, direction le cimetière.

Au programme, le tour des tombes, le grand jeu, le tour de circuit complet. Même les grand-tantes étaient du voyage. Bien sûr, il fallait commencer fort d'entrée : recueillement sur la tombe de mes grands-parents maternels. Ma grand-mère suicidée juste après sa cinquantaine et mon grand-père que je pensais avoir tué. Ma mère pleure … joyeux anniversaire ma chérie.

Je te rassure, avant, je n'ai pas beaucoup de souvenirs de ce jour qui se voulait être une fête. Je ne me souviens d'aucun repas en famille, aucun rire, aucune joie. Je ne me souviens pas de mes parents ce jour-là. Le seul souvenir qu'il me reste est celui de Maria préparant pour cette occasion une crème micmac -moitié vanille moitié chocolat- et accueillant mes amies, mais ce n'était pas le jour-même.

En fait, d'un point de vue global, j'ai peu de souvenirs de mon enfance, hormis l'absence de mes parents. Je me rappelle que haute comme trois pommes, pour répondre à l'interrogation de ma mère « et toi, que veux-tu faire plus tard ? », j'ai mis mes poings sur les hanches, les jambes légèrement écartées, pleine d'aplomb et les pieds ancrés dans le sol. Je lui ai répondu : « Moi, quand je serai grande, je serai maman, maman. »

Le jour où j'ai su que j'attendais un enfant, j'ai commencé à intégrer ces paroles. Les petits mouvements dans mon ventre m'y ont aidée. Je devenais dès lors maman, maman. C'était mon vœu le plus cher, le plus ancré dans ma chair, le plus présent dans mon esprit. Inscrit en lettres d'or dans mon âme, je crois.

J'ai vécu la naissance de Claire et plus tard celle de Nathan, avec intensité et joie.

Ce ne sont pas des mots dits à la légère, sans péridurale et grâce à la sophrologie, je me suis émerveillée de la vie à naître. Je ressentais des mains, puissantes dans mes reins, mais je n'avais pas mal, mon corps prenait vie. En fait, je le vivais sous un nouveau jour : il était fort de la vie à venir.

J'ai adoré l'accouchement, ce moment de femme qui devient mère. Et puis, j'ai aimé être mère, donner le sein à mes enfants. Je souris en me rappelant Claire qui mordait mon mamelon trop fort, Nathan qui tournait autour plusieurs fois avant de plonger avec voracité.

Ces mots ne sont pas très conventionnels, pas vraiment recevables en société. La bonne compagnie préfère ne pas les entendre et de nombreuses fois, j'ai vu le regard surpris de mes interlocuteurs. Je suis passée pour une douce excentrique, dont un fort taux d'hormones, certainement supérieur à la moyenne, a fait oublier la douleur et sublimer le souvenir.

Mais non. La douleur, je m'en souviens très bien, mais j'avais appris par la sophrologie à plonger sous la vague d'une contraction, dès qu'elle se présentait, substituant la douleur de celle-ci à des sensations agréables de natation. Finalement, je peux dire que je nageais de bonheur et de vie.

Ensuite, j'ai pris du temps pour vivre avec Claire. J'ai profité de ce temps où nos êtres, mère et enfant nouveau-né, se découvrent, apprennent à se connaître, se décoder, s'aimer.

Je me suis attachée à faire de leurs jours d'anniversaire une fête. Je n'ai pas eu à me forcer, c'est ainsi que je les vis. Je célèbre leurs venues au monde et j'avoue, je célèbre aussi la naissance de la mère que je suis.

Je m'attache à les surprendre comme ils m'ont surpris de leurs premiers regards, leurs premières mimiques.

Mon anniversaire a été lié à la mort jusqu'à mes cinquante ans, jour où je me suis détachée de ma mère qui me présentait ses condoléances de m'avoir fait naître un 31 octobre.

Les anniversaires de mes enfants sont, je l'espère, dans leurs esprits, liés à la vie. La naissance d'un enfant est un jour sacré que personne ne devrait blasphémer.

Narbonne plage, le 1ᵉʳ juillet 2021

Corps volé

Voilà, ce ne pouvait qu'être là, assise face à une mer agitée, enveloppée de la douceur bleue du tissu de ma nouvelle robe, légèrement effleurée par le vent.

Ce ne pouvait qu'être là et pour une fois, avec un objectif, peut-être : laisser aux mots la liberté de me laver de cette salissure en moi. Claire vient de m'apprendre avec la plus totale indifférence le mariage prochain de son père avec son compagnon Stefan. Claire semble désinvolte, elle en rit presque.

En mon corps, cette annonce n'a pas la même résonance. Elle ne me fait pas rire, elle me donne envie de vomir et les scènes tant de fois vécues, tant de fois supportées, s'imposent à nouveau à moi. Celles infligées par un homme qui n'aime pas les femmes, celles assenées par un homme qui s'acharnait à détruire la femme que j'étais.

Alors je vais m'abandonner à ma plume et laisser s'écrire mes mots. Je ne sais pas ce qu'il en sortira. Violence extrême, crudité sexuelle. Je ne vois pas poindre le Beau, mais je m'abandonne à mon phénomène.

La violence résidait dans l'amenuisement des gestes tendres. Sournoisement, insidieusement, les rapports - je ne vois pas d'autres mots - étaient rythmés par une routine destructrice, un rituel funèbre.

Il m'imposait son rapport en douze minutes, top chrono, invariablement.

Toutes mes invitations à vivre autre chose étaient bannies d'un geste de la main, d'un retournement de mon corps, de façon à ce que, agenouillée, le buste appuyé contre le lit, mon sexe soit invisible ainsi que mes seins cachés et mon cul en ligne de mire.

Pas de préliminaire. À quoi bon ? Non, une pénétration vaginale après humectation de l'ouverture en même temps que son index ou plus s'insinuait dans mon anus.

Là était son moment de jouissance. Il allait, venait, me pénétrait des doigts là où il aurait aimé enfoncer sa queue et se « dégorgeait le poireau » en mon intime qu'il voulait salir.

Et moi ? Moi je faisais semblant, j'essayais de trouver du plaisir dans ces moments fous, dans cet acharnement à aller venir.

J'espérais que ce que je vivais-là était normal. J'essayais de m'en convaincre du moins.

J'ai eu des doutes, je les ai balayés.

Il était tellement fou qu'il me voulait en robe de bure pour violer, certainement jusqu'au bout, le sacré. Il me demandait de « lui rendre cette féminité, qu'il avait fait naître en moi », arguant qu'« elle lui appartenait, qu'elle était sienne. »

Claire n'avait pas un an quand il l'a violée par l'intermédiaire de mon corps.

Je venais de l'allaiter au petit matin, elle était endormie sur moi et les enfants jouaient déjà dans la pièce à côté.

Il s'est placé sur nous, sans préambule, sans avertissement, il a écarté mes jambes et m'a pénétrée. Je disais « non », il répondait « si. » Je disais « pas maintenant », il répondait « là immédiatement. » Je disais « elle va se réveiller », il répondait « tais-toi, ne dis rien, laisse-toi faire. Si elle se réveille, ce sera par ta faute. »

Je supportais en pensant à ma grand-mère qui avait certainement supporté ce genre de rapport x fois. J'en revenais à la normalité … violence banalisée.

Plus tard, les écrits de Lucas ont montré que ce n'est pas moi qu'il prenait de force, c'est sa fille qu'il violait déjà.

Et puis s'est posée la question d'un autre enfant, je disais « je ne pense pas que ce soit le moment. Je nous sens en crise. » Il a répondu « si immédiatement je ne t'en laisse pas le choix. » Et il y a eu viol.

Viol entre époux, légitime à l'époque.

J'ai pensé normalité et avoir pris la pilule du lendemain, j'ai appelé tous les gynécologues de Tarbes et de Toulouse pour me faire placer un stérilet « en urgence. »

Ma demande n'était pas recevable, mais je ne le savais pas. Les secrétaires ne la comprenaient pas. « Mais Madame, vous êtes mariée, dites-vous, alors pourquoi cette urgence ? » Et moi, je ne comprenais pas pourquoi elles ne comprenaient pas. J'étais dans la banalité de ce que je pensais être la normalité.

Une gynécologue a répondu elle-même au téléphone, elle ne m'a rien demandé et m'a simplement répondu « d'accord, je vous attends cet après-midi à 15 heures. »

Ce n'est qu'à ce moment précis que la porte de ma cage s'est entrouverte. Début de la fin de ma féminité massacrée … enfin, je le pensais …

Narbonne plage, le 2 juillet 2021

Retrouvailles

Il m'aura fallu du temps pour me laisser apprivoiser à nouveau. Le premier jour, je ne me suis même pas baignée, je trouvais l'eau de la Méditerranée trop froide. Et puis j'avais envie de la contempler sans la toucher, cette immensité bleue.

Je lui ai permis de susurrer à mon oreille de belles promesses. Je l'ai écoutée, attentive, captivée déjà.

Le deuxième jour, j'ai sauté dans les vagues avec mon fils et ma chienne, c'était drôle. Nous avons beaucoup ri. Elle m'a invitée par le jeu à revenir vers elle.

Cela fait si longtemps, je m'en étais éloignée en allant dans les montagnes de l'autre. Et je l'ai oubliée. Peut-être serais-je partie de ce mariage bien avant si j'avais continué à nager dans la mer ?

Le troisième jour, il n'y avait plus de vagues, l'heure était à l'invitation officielle.

Alors j'ai commencé à nager, encouragée par Nathan. J'ai nagé en ayant peur d'avoir mal à l'épaule, peur de réveiller une douleur endormie. J'ai nagé avec précaution, en limitant mes mouvements de bras. J'étais douloureuse en sortant de l'eau, j'en suis restée là pour la journée.

Et puis il y a eu l'orage d'hier, les mots violents qui sont sortis, que j'ai propulsés hors de moi et plaqués là, sur le papier, emprisonnés à l'encre noire, indélébile. La laideur.

La laideur enkystée en moi, c'est fini, presque fini. Encore quelques mots sanglants à écrire, un détail.

J'ai écrit face à la mer, elle m'attend.

Les mots une nouvelle fois posés, j'ai batifolé avec Nathan et Lady dans les vagues, nous riions, insouciants et heureux.

Ensuite j'ai nagé vers le voilier que je voulais rattraper. Loin de tout regard, je me suis mise nue. Maillot à la main, j'ai nagé encore plus loin, j'étais libre, vous comprenez ?

Ce matin, levée tôt, je suis allée sur la plage déserte et me suis dirigée vers l'eau bleue lentement. J'ai été saisie par sa fraîcheur espiègle. Incitation au réveil des sens. Pince-moi.

J'ai continué à avancer vers l'horizon. L'eau est montée le long de mes jambes, caressant mes muscles. J'ai eu un temps d'hésitation lorsqu'elle est arrivée à mon sexe. Je savourais en réalité cette eau ondoyante qui entrait en moi. Puis le ventre, nouvel arrêt, juste avant de plonger mes seins dans cette eau délicieuse.

Je plonge tête la première et aussitôt après l'incision du froid, le plaisir, là, immédiat, une évidence.

Mon corps se dénoue, se délie, j'avance, ivre de ma liberté retrouvée. Mes mouvements sont amples, mes jambes s'écartent l'une de l'autre autant que la brasse me le permet et au-delà des muscles que je sens revivre, j'accueille cette eau miraculeuse en moi.

Le mouvement de mes bras, dans une chorégraphie non imposée, s'harmonise à celui de mes jambes, j'épouse la mer. Je me laisse porter par sa douceur salée. Retrouvailles avec cet élément qui est de mon essence, avec mon corps perdu. Je nage le Beau et je me remplis des sensations que cela me procure.

En sortant de l'eau, j'ai aimé regarder mon corps retrouvé. J'ai trouvé beau mon décolleté. Mes seins sous le maillot bleu étaient tendus, mes mamelons turgescents pointaient fièrement et de minuscules picots, mettaient sensuellement la peau de ma poitrine en valeur.

Retrouvailles avec ma sensualité.

Bonheur d'être femme.

Quelque part en France, le 14 juillet 2021

A ceux que mon rire dérange

Hier soir, en rentrant dans ma chambre, j'étais suivie par un sentiment sournois, diffus.

J'étais gênée d'avoir ri autant, d'avoir ri trop fort pour d'autres peut-être. Mes pieds ont commencé à s'enfoncer dans le marécage de la honte.

J'ai ri, il ne fallait peut-être pas, pas là, pas à ce moment-là, pas à ce sujet-là, pas au milieu de vous, pas devant vous.

Vous aurez pensé que j'avais bu, mais je buvais juste l'essence de la vie. J'étais heureuse, tout simplement.

Avant-hier, je riais déjà dans ma chambre, seule pourtant, sans avoir bu la moindre goutte d'alcool, juste en écrivant des mots.

Le sourire s'esquissait sur mes lèvres, entraîné par les mots, je dansais au rythme de ma valse intérieure. Je riais de moi-même, de mon espièglerie.

C'est bien de cela dont il s'agit : mon rire en témoignage de ma joie. Ne vous y trompez pas, il n'est pas autre chose, ni abus d'alcool, ni rire forcé, simulé ou joué dans tout cela, juste la joie et le bonheur enfin trouvés.

Enfant, j'étais gaie, je vous l'accorde. Mais mon rire intérieur s'est effacé. Pour garder les autres auprès de moi, mon rire est devenu orienté : en faisant rire les autres, je criais « aimez-moi, ne me laissez pas. »

Puis mon rire s'est totalement tu, noyé dans la souffrance et les larmes. Il n'avait plus lieu d'être, il n'avait plus de place en moi, plus d'existence dans ma vie, plus de vie dans mon existence.

Je suis devenu muette de mots et de rires.

Honnêtement, je n'ai pas aimé cette tranche – longue – de vie. Rire jusqu'à mes quatre ans, c'était le minimum. Tenter de rire jusqu'à mes neuf ans, c'était bien, mais pas assez. Faire rire jusqu'à mes vingt-six ans, c'était déjà ça, mais ce n'était pas moi.

Ensuite la douleur, le combat, la lutte contre l'horreur, inimaginable, indicible.

Il fallait que j'ouvre les yeux sur un champ de morts, sur la laideur absolue. Je devais rassembler toute la vie en moi pour empêcher un monstre de nuire, pour protéger mon enfant.

Croyez-moi, j'ai vécu cette période sans le moindre rire.

Lorsque j'ai su mon enfant à l'abri, je me suis retournée et j'ai vu les cadavres de mon passé. J'ai plongé, glissé dans un trou noir ou seules l'angoisse et la mort avaient le droit de cité.

À cinq reprises, j'ai crié à la mort, hurlé du plus profond de mon être « aidez-moi, seule, je n'y arriverai pas ! »

A trente-deux ans, la psychiatre consultée en urgence a tenté de faire taire cette souffrance qu'elle ne pouvait supporter : musellement à grands coups de médicaments. J'étais un légume sans vie et croyez-moi, je ne riais pas.

À quarante ans, je me suis enfuie vers un autre psychiatre, à la veille de la première séance d'électrochocs. À mes mots « regardez-moi : je suis un légume, la vie, ma vie n'en vaut pas la peine », il m'a répondu « moi je vois en face de moi une femme qui souffre et votre souffrance est légitime. »

Je l'ai suivi dans sa clinique et le premier acte médical qu'il a fait pour moi a été le sevrage médicamenteux. Des médicaments, certes ils étaient indispensables, mais à doses réfléchies : surtout garder la conscience en éveil.

J'ai survécu longtemps, les années ont pesé sur mes épaules. Elles étaient si lourdes, je ne riais pas.

Il y a trois ans, j'étais vieille encore, j'attendais patiemment d'être délivrée de la vie chargée d'angoisse, ma vie mortelle.

A quarante-huit ans, j'ai rencontré une psychologue pratiquant l'EMDR et commencé ma formation en sophrologie Caycédienne. L'EMDR pour sortir de l'enfer, la sophrologie pour entrer dans mon paradis.

J'ai relevé mes manches et les pieds bien ancrés dans le sol, je me suis placée face à mes bourreaux, vous seriez surpris du nombre, et je les ai regardés droit dans les yeux, un par un : « allons-y de toi ou de moi, un seul survivra du combat, je suis prête. »

J'ai revécu toutes les scènes, ressenti toutes les sensations dégueulasses, réentendu tous les mots destructeurs.

Je peux vous le dire, ça a été très dur, parfois d'une violence extrême, d'une cruauté sans mesure. Je ne riais pas. Ce n'était que le haut de l'iceberg.

J'étais suspendue dans le vide, funambule sur le fil reliant la mort à la vie. Pas-à-pas, doucement, j'allais vers la vie. Je ne pouvais pas rire, vous comprenez ? J'étais en équilibre, je retenais mon souffle.

Il y a un an, j'ai décidé de quitter mon deuxième mari. J'ai gagné ma liberté de femme.

Depuis janvier 2021, j'ai rencontré la solitude dans ma nouvelle maison. Aucun ami n'est venu m'aider. Le COVID[7] me direz-vous ? Oui si vous voulez, mais en réalité non.

J'en ai souffert de cette solitude imposée mais je m'y suis trouvée. Hommage aux absents. Remerciements finalement.

Mi-juin 2021, formation en sophrologie : il y est question de santé idéale, de longévité et de résilience, de dernier instant de conscience. Les mots viennent à moi, reviennent comme lorsque j'étais enfant. Ils dansent, se chahutent, me bousculent tendrement d'un geste doux sur l'épaule.

Je ne m'en guéris pas, ma thérapie est finie. Non, mes mots disent le Beauté après la Laideur, témoignent qu'il est possible de sortir de l'enfer malgré des médecins et tant d'autres prêts à lâcher la corde de la guillotine.

Mes mots parlent parfois de mes souffrances endurées, du cauchemar, mais ils en viennent toujours au Beau, vous comprenez ? Ils portent à la vie. Ils portent à la Joie. Ils me portent à mon rire.

Le rire m'habite à nouveau, espiègle, il se cache derrière un rosier pour mieux me surprendre. Il ménage ses effets, le bougre, et c'est si bon !

---

[7] Covid : Corona Virus Disease

Alors oui, je le confesse, mon rire a surgi d'une bêtise hier. Et puis j'avais ma complice, mon acolyte du rire, ma Dominique retrouvée. Quel bonheur ce rire partagé !

Rencontre de deux âmes qui se plaisent. Nous nous sommes trouvées à travers nos pleurs, nos regards posés sur le beau, nos rires, nos mots.

Alors oui, mon rire hier, mon fou rire, mon rire fou dans ce qu'il avait d'enthousiaste, de non-maîtrisable, n'était que la manifestation de ma joie et de mon bonheur d'être là parmi vous.

J'étais rempli de vos regards, de nos échanges, des liens sincères et authentiques tissés entre nous.

Mais la sentence est tombée : « votre rire dérange. »

J'ai eu la sensation qu'un large ciseau coupait mes ailes, j'avais envie de pleurer. Je me suis levée, éloignée de vos regards et vous tournant le dos, j'ai fait la vaisselle.

J'ai pensé à m'excuser auprès de vous.

Je ne le ferai pas.

D'autres m'ont trop longtemps empêchée de parler, de dire, d'écrire.

Ça, c'est réglé ! Ma plume est désormais libre et rien ni personne ne l'arrêtera jamais. Elle le fera seule quand elle le souhaitera.

Je réalise en vous écrivant que je m'éloignerai de celles et ceux que ma joie agace. Je n'ai pas l'intention de déranger, chacun son rythme, sa façon de vivre, sa manière d'être. Je ne veux pas importuner, mais je n'ai pas envie de me passer de mon rire.

Il a une place dans ma belle vie et je ne le briderai pas, ni pour vous, ni pour personne d'autre. Ce sera à vous de faire un pas de côté si mon rire vous dérange.

Toulouse, le 21 juillet 2021

Douceur d'être

Je prends plaisir à être là.

Je prends plaisir à être, à ressentir mes émotions, vivre mes sensations, à partager, dire, lire, écrire, regarder, caresser, prendre soin, rire.

Je prends plaisir à être vivante de ma petite flamme intérieure qui grandit jour après jour.

Je prends plaisir à devenir, à regarder vers l'avant sans avoir peur de me retourner pour témoigner de mon passé.

Je prends plaisir à être entière, sincère et authentique, à ne plus faire semblant, ne plus porter de masque.

Je prends plaisir à la douceur, à ma douceur.

J'ai envie d'être. Douceur d'être.

Toulouse, le 27 août 2021

Charivari

Je vis un débordement d'émotions, un feu d'artifice intérieur dans lequel les couleurs de l'arc-en-ciel côtoient le noir et le gris, la lumière à côté des ténèbres.

Depuis deux mois et demi, je vis un charivari.

La beauté d'un côté, le doute, la peur de l'autre.

Revivre et témoigner de la laideur pour mieux exprimer et vivre la beauté. Écrire, devenir témoin d'un passage, entendre que j'inspire l'espoir.

Me laisser surprendre et découvrir la bonté d'un amour sincère, la douceur de me laisser aller, de me blottir dans les bras d'un homme unique, mon homme parmi les hommes. Et puis le doute, la peur, mon instinct qui me dit de fuir, mon intuition qui m'incite à rester.

Une danse douloureuse qui s'amorce : deux pas en avant, un pas en arrière. Une progression vers l'autre, lente et chaotique, le tiraillement, le besoin de simplicité, de fluidité, parfois l'envie d'arrêter face à la cruauté de l'absence.

L'absence de mes amies aussi, le besoin de retrouver du lien et me réancrer dans mes racines.

Le manque jusqu'à rêver me réconcilier avec mon père. Et comme par hasard, un malaise qui s'ensuit, un nouveau tiraillement, une hésitation à faire un pas vers ce père infanticide, accompagnée d'un sentiment gluant de culpabilité. Il vieillit et un jour ne sera plus là. C'est peut-être le moment de le revoir ?

L'ombre de ce père se refait une place dans mon soleil et je décline. Au détour d'une virose dont je ne sors pas, la fatigue est là. Je me sens exténuée par ce charivari d'émotions, exsangue d'énergie.

La tristesse ressurgit, le manque, le sentiment de solitude jusqu'à me réveiller au milieu de ma nuit obscure. Il fait sombre, trop sombre, les larmes montent.

Et puis le point de conclusion de cette journée, la réponse qui s'impose d'elle-même.

Mon amie Lucie a eu mon père au téléphone il y a quatre jours, au moment où je faisais le rêve - cauchemar de nos retrouvailles. Elle me décrit un homme qui salit, qui manipule. Elle me livre les mots de mon père qui me veut malade mentale, fragile, dans une secte. Il ne veut pas entendre que je vais bien. Il nie les agressions par mon frère Rodolphe, « pur mensonge » de ma part. Son fils est si doué, si brillant, si honnête.

Alors qu'à mon frère Laurent, de deux ans le cadet de Rodolphe, il siffle une autre chanson : il comprend alors ce que j'ai pu vivre, les souffrances que j'ai pu endurer à la suite de cet acte terrible de mon frère aîné.

Mon père est un boa constrictor, il séduit et engloutit celui ou celle qu'il choisit.

Au cas où je l'aurais oublié, au détour de quelques sentiments de culpabilité, je l'ai là sous les oreilles. Il est dangereux et me préfère handicapée ou sous le joug d'une secte, plutôt qu'en bonne santé, libre et heureuse de vivre.

Mais moi je suis en vie, loin de lui et de mes frères. Je suis en belle vie.

Mon charivari s'atténue, s'estompe. J'aime l'arc-en-ciel de mes émotions, sans le gris ni le noir.

Je choisis de vivre mes amitiés et à la peur j'oppose la confiance. Résolument à la laideur je tourne le dos et marche vers le Beau.

Je choisis de vivre.

Toulouse, le 1ᵉʳ septembre 2021

Jouissance

Ma jouissance, lorsqu'elle a eu la place de s'exprimer, a fait peur aux hommes.

Mon éducation d'abord, les idées de mon père et de tous les hommes malsains et détraqués de sa famille (elle n'est plus la mienne) l'ont ratatinée dans l'œuf.

Je viens d'une région reculée où la femme n'a pas de jouissance propre et intime à avoir. Non, la femme est là pour exacerber, stimuler si nécessaire, la jouissance de l'homme.

Elle doit simuler, soupirer, râler, respirer plus vite dans le seul but d'amener l'homme à jouir en elle. Si elle est invitée à dire qu'elle a apprécié la chose, ce n'est que dans le seul but de valoriser l'homme et lui permettre de bomber le torse. Cependant, ses mots ne sont aucunement indispensables : la femme peut se taire. L'homme sait qu'il est bon, performant. L'homme sait que son sexe a le pouvoir de faire jouir.

La jouissance de la femme n'est pas nécessaire : elle n'est pas là pour prendre du plaisir, elle est un trou dans lequel l'homme jouit, poupée gonflable.

Elle est là aussi pour porter la vie, pas trop, assurer une descendance de garçons, oui. Mettre au monde des filles, moins fortes dans les champs, moins utiles, des bouches à nourrir qu'il faut en plus doter pour se débarrasser … des pisseuses, quoi ! Merci bien !

Non, la jouissance féminine n'existe pas sans l'homme, c'est lui qui décide. C'est lui qui donne les règles, le cadre de conduite.

Qu'un homme dise sa jouissance, c'est normal. Qu'une femme montre sa jouissance intime secrète, cela n'est juste pas possible. La femme est un objet muet.

J'ai fait ce que les hommes attendaient de moi, je me suis bien conduite et j'ai été obéissante.

Pas de jouissance sans l'homme, donc pas de masturbation.

Puis l'homme qui salit et me convainc que c'est normal.

L'homme qui utilise, qui se sert, et m'autoconvainc de mes râles et soupirs pour parvenir à une jouissance contrôlée, celle à laquelle j'ai droit, celle qui n'effraie pas. Juste pour rester à la surface de l'eau, juste pour pouvoir y retourner encore et satisfaire l'autre.

Ma machine qui s'est enrayée, le grain de sable de trop. Alors les bons prétextes : la dépression, les médicaments, mon passé.

Un semblant de diagnostic qui tombe, un mot qui casse, qui insinue le doute, qui engloutit inexorablement : frigide.

Voilà, l'homme fait ce qu'il peut, mais je deviens frigide : frigidaire, froide, sans émotion, sans sensation, un glaçon.

Alors un conseil d'une amie sexologue, un petit appareil qui stimule le clitoris pour redonner l'envie, reprendre un peu d'élan et être à nouveau apte … à subir la saillie.

Gentil couple marital dans la boutique des plaisirs, nous avons choisi le modèle jusqu'au motif ensemble.

Le soir même, j'ai posé le petit appareil contre mon sexe en présence du mâle, spectateur à peine caressant. Une vague m'a envahie, incontrôlable, une jouissance simple et naturelle, impossible à cacher, à minimiser, à contrôler.

Monsieur, qui pourtant m'a offert le petit appareil, l'a très mal vécu. Comment ce petit objet vrombissant a-t-il pu amener Madame si haut, en si peu de temps, alors que lui n'y arrive que si peu souvent et dans une bien moindre mesure ?

Fierté masculine bafouée, l'homme est blessé. J'étais désolée, honteuse.

Depuis je me cache pour utiliser mon petit appareil.

Toulouse, le 12 mars 2022

Différente

Je me réveille d'une courte sieste et ce mot résonne dans ma tête : « différente. » Ma main fourmille, je ressens la nécessité d'écrire.

À côté de ce mot s'inscrit « seule. » Voilà, je suis seule aujourd'hui parce que je suis différente.

Je me sens décalée, je ne comprends pas les réactions des autres. J'ai voulu y croire, voulu faire croire, à moi en premier, que je suis comme ces autres qui m'entourent depuis toutes ces années, mais en réalité, je ne le suis pas.

Je repense à Lila qui me décrit lors d'une consultation à mon cabinet « être posée là, à côté du groupe. » Je me revois avec ma bande d'amis gersois, dans de grandes fêtes ou des repas où le « moins de quinze convives » ne peut être envisagé. Je suis là, j'écoute les conversations qui me paraissent lointaines. Je regarde les gens bouger, rire et boire surtout. Je fais pareil, je bois et je suis vite saoule. Ce n'est pas dans ma nature de boire.

Je fais rire et trouve ainsi une place dans ce groupe d'inconnus.

Puis je deviens celle qui vit une histoire lourde et terrifiante. Mariée en grande pompe à un être abject, je suis celle qui doit protéger son enfant. Je glisse tout naturellement vers celle qui fait des dépressions à répétition, celle qui s'enfonce régulièrement et réapparaît parfois.

Moi je ne me sens bien que dans les moments intimes de partages réels et authentiques. Ces moments où mes amies se livrent, enlèvent leurs masques et m'autorisent peut-être à faire pareil.

J'étais celle qui voulait y croire.

J'ai voulu croire que j'étais comme les autres, me conformer à ce que l'on attend de moi, rester dans le moule imposé par ma mère et mon père. Surtout ne pas vivre, ne pas exister jusqu'à subir, mais garder le sourire, rester présentable, être un bon petit « animal social. »

J'ai voulu croire que l'amour que je porte à mes amis est également réciproque, fait des mêmes sentiments, de la même bienveillance, de la même attention. Je me suis trompée, nous ne sommes pas faits du même bois. Je suis peut-être plus tendre et le moindre coup de ciseau crée une entaille, une marque dans celle que je suis.

J'ai beaucoup souffert de leurs absences, je ne les comprenais pas. J'ai subi sans rien dire. Je me suis faite toute petite pour avoir un brin de leur attention sans même oser parler d'amour.

Depuis ce Noël 2020, c'est moi qui me suis absentée de tous ceux qui me blessent. Je n'ai trouvé que cette solution pour me protéger et moins souffrir. Depuis ce Noël, j'ai décidé de m'aimer et de compter davantage sur moi que sur les autres pour vivre.

Je souris, je suis ce homard qui en faisant sa mue, perd sa carapace et devient momentanément plus fragile.

Ma nouvelle carapace prend forme, ce sont les ailes de mon papillon qui commencent à se déployer.

J'accepte la femme que je, suis entière et hypersensible. Les apparences ne m'intéressent que pour aller au-delà, que par le défi qu'elles représentent à elles seules : s'appuyer sur ce qu'elles sont et aller au-delà, les franchir à la manière d'un saut de haies.

Les gens creux, insipides, « normaux » – s'ils existent ! – ne m'intéressent pas.

Je veux vivre comme je suis, avec mes émotions intenses et parfois même contradictoires, avec mes sentiments, ma féminité, mon esprit « compliqué », mon âme douce, avec cette tonne d'amour qui est en moi et qui m'écrase parfois.

Voilà, je suis celle-ci et si mon père, mes frères, mes amis, mon homme aimé m'empêchent d'exister ainsi, alors je suis heureuse de m'en détourner, malgré la douleur de la séparation et le sentiment d'isolement.

Je ne me renierai plus, ni pour aucun d'entre eux, ni pour qui que ce soit.

Je suis libre d'exister. Je suis différente de ce que tous ces gens exigent de moi.

Toulouse, le 12 mars 2022

Essaye de comprendre

S'il te plaît, essaye de comprendre comment tu fonctionnes pour ne pas t'écrouler subitement.

Il est question de survie. Je sens que mon cerveau s'est mis sur le mode de la survie, mais qu'est-ce que cela implique ?

Cela implique en premier lieu de ne pas m'endormir. Rester alerte, vigilante car le sommeil est dangereux puisque je m'y étouffe. Je ne respire plus dans mes songes.

Cela implique aussi de continuer à vivre dans l'hyperactivité si nécessaire, mais continuer à vivre, exécuter les tâches du quotidien, faire les comptes, gérer les dossiers contentieux avec les artisans … toutes les tâches de la vie courante doivent être gérées d'une main de fer, preuve que je vais bien, que je ne suis pas défaillante. Notion de performance.

Continuer à vivre, cela implique que je montre à mes enfants que j'assure. Je dois les rassurer et faire bonne figure.

Continuer à vivre, cela implique de rester dans mon projet professionnel sans penser aux conséquences désastreuses de cet arrêt sur image. Je reprends les contacts, j'assure la rédaction de textes, présentation, synthèses etc.

Ces moments me font du bien en apparence, mais je m'y épuise davantage encore, allant chercher les quelques réserves qui me restent ou celles à peine gagnées à travers de maigres heures de sommeil.

Survivre, c'est lutter.

Vivre, c'est montrer, me persuader que je ne suis pas folle.

Comme le cercle vicieux de l'absence de sommeil dans lequel je suis, je vis enfermée dans cette boucle infernale sans fin qui me tire vers le bas, je m'y épuise.

Nathan a mis le doigt dessus : « Si tu sors fatiguée pour t'occuper de moi, je ne rentrerai pas à la maison. Tu dois t'occuper de toi avant de t'occuper des autres. »

Les larmes montent, il a touché juste une fois encore.

Et je sens bien que ma place est là, dans cette clinique, pour plusieurs jours encore.

Juste parce que c'est le seul lieu où je ne peux mettre entièrement en place le mécanisme qui me détruira tant que je n'ai pas repris des forces organiques.

J'ai envie de rester ici, de me poser vraiment, d'écouter mon corps, de faire de la sophrologie, d'écrire, de lire, d'écouter Chopin ou les bruits de la nature.

Je ne suis pas aussi forte qu'il y paraît.

Merci Nathan.

Paris, le 15 mai 2022

Celui qui me restait

Je me rendais à Paris le cœur chargé d'amour et d'espoir. Je repars assombrie par la colère et l'amertume.

Il était celui qui me restait, fil ténu et déjà transparent qui m'unissait à ma famille d'avant.

Lui, Laurent, mon deuxième frère, est celui qui après tous les autres m'a trahie et a trahi mes enfants, pour de l'argent. J'ai encore du mal à réaliser, à accepter sa vilenie et sa petitesse.

Je le croyais un peu à part, certes, de notre fratrie, mais je le pensais épargné de la noirceur des hommes de notre famille. Et j'imaginais que je comptais un peu pour lui.

Il n'en est rien, il est petit et laid comme les autres. Et je n'ai jamais compté pour lui.

Comme toutes les révélations qui se font, comme tous les secrets qui se dévoilent, c'est extrêmement douloureux encore. Je suis lasse d'avoir mal, mais j'ai la sensation de vider un abcès que je sentais purulent en moi. L'incision est douloureuse, j'ai mal.

Mon monde d'illusions s'écroule, lambeau après lambeau. En parallèle, les pièces du puzzle de la réparation s'assemblent. La lumière se fait sur ma vie d'enfant et je comprends peu à peu les personnalités ombrageuses, fourbes, voire perverses qui m'entouraient. Je comprends que je ne pouvais pas vivre tant qu'ils étaient à mes côtés, écrasants, dominants et destructeurs.

Je m'accorde l'indulgence de ces moments de si grande souffrance que je ne pouvais la surmonter.

Je comprends que tout était biaisé : leurs attitudes, uniquement basées sur les apparences, l'image à renvoyer à la société. Je les déteste, tout en ayant la volonté de ne pas garder cette amertume en moi.

J'aimerais tant ne ressentir que l'amour partagé avec Maria, c'est tellement plus doux. Les larmes coulent sur mes joues, la tristesse est le sentiment qui domine. Je me revis, moi, le vilain petit canard, parmi ces autres aux comportements incompréhensibles pour la petite fille que j'étais.

J'apprends que la vérité fait mal lorsqu'elle surgit. Je l'espère plus douce au fil du temps. Je ne veux pas passer le temps qu'il me reste à vivre, le cœur chargé d'amertume. Ce serait une nouvelle emprise, une nouvelle chaîne me reliant à ces êtres nauséabonds.

Je veux vivre libre et continuer à voir la beauté du monde. J'ai envie de rencontrer des personnes sincères et authentiques. Je fais le vœu en mon âme et conscience d'y croire encore.

Toulouse, le 26 juin 2022

Les mots qui m'habitent

J'étais impatiente, je trépignais à l'idée de vous laisser danser.

Les mots qui m'habitent sont là, au plus profond, et ils émergent de temps à autre, à la surface. Lorsqu'ils se présentent à moi, je n'ai pas le choix et la nécessité impérieuse de les laisser vivre est plus forte que moi, plus forte que ma petite volonté qui tendrait à leur dire « attendez un peu… inutile de se presser… une prochaine fois … à un autre moment… »

Il m'est tout simplement impossible de les taire et je vous l'avoue : plus ma plume glisse, plus je me sens joyeuse, en vie.

Je les aime, mes mots turbulents, chahuteurs, joyeux, grognons, sombres, lumineux.

Ils dansent au moins à coups de valse, de rock, de lindy hop, de salsa, de tango, passionnés. Ils racontent mes ruptures, mes passages obscurs, mais surtout, ils racontent qu'au-delà des épreuves, il y a la vie aussi.

Cette vie, je la sens qui pulse en moi, d'un mouvement qui se fait de plus en plus ample et harmonieux.

Ce sont les battements de mon cœur qui irradient tout mon corps, tout mon être.

C'est ma conscience qui, éclairée, m'a permis d'avancer, de sortir de ce tunnel sombre, froid et en apparence sans fin.

C'est mon âme qui a la place enfin de se révéler et par sa douceur, je me sens portée, enveloppée, chérie de moi-même.

Je suis en vie et mon corps revit. Je perçois dans chacune de mes cellules la résilience. Je suis en belle vie.

Voilà que j'ai compris. Ces mots qui accusent et profanent le « Saint-Père », mon géniteur en fait, ces mots que j'ai donnés en lecture à des hommes, des femmes de loi, ces mots que j'ai écrits pour réclamer justice et protéger une femme à ce moment-là plus fragile que moi, ces mots et surtout leur lecture par d'autres que moi, me libèrent définitivement du silence.

Les mots qui viennent à moi, les mots qui m'habitent jusqu'à la part la plus intime de mon être, ces mots qui dansent sous ma plume, je vais non seulement les écrire, mais je vais aussi les faire lire.

C'est là ma plus grande liberté.

Les emprises de ces hommes malfaisants n'ont plus prise sur moi.

C'est fini, je suis libre.

Toulouse, le 3 août 2022

Regard

Ce matin, je n'ai pas de mots précis en tête. Pas de phrases non plus. Mais une envie, une nécessité à me poser là sur mon toit – le toit de ma maison – pour admirer le lever de soleil et chanter la beauté de la vie.

J'ai rencontré hier Robert Vargas, j'ai vu ses mains, son corps, son âme en pleine création.

En le regardant dessiner au fusain, au charbon, le visage un peu décharné de cet homme à la chemise rouge, j'ai pensé « oui, bon, des dessinateurs comme ça, il y en a plein le parvis de Beaubourg.»

Peu à peu, les traits se sont faits plus fins, plus précis, le regard plus expressif. Un coup de gomme par-ci, un rajout de matière par-là, le visage a fini par devenir celui de son modèle, vue extérieure certes, mais vue de l'intérieur surtout. Le visage portait des expressions que je n'avais su voir, un passé, des expériences vécues qui me sont apparues alors, l'expression d'une vie riche de soixante années. J'ai pensé « cet artiste a du talent. »

S'emparant d'un large pinceau plat, Robert a tracé des bandes sur ce beau visage expressif. Cet homme a perdu son regard, ses yeux étaient bandés de noir, il ne pouvait ni voir, ni être vu. Fin de l'histoire, fin de la vie. L'homme, l'œuvre a été « déstructurée », selon les mots de l'artiste.

De cet homme, il ne restait plus que la bouche, les lèvres fines, légèrement entrouvertes.

J'écris et les oiseaux m'entourent, j'entends au-dessus de ma tête des piaillements, il y a un nid juste au-dessus de moi, et ma présence affole ses habitants. Je m'éloigne pour ne pas déranger. Un petit oiseau noir à la queue rouge, se pose devant moi, alerte et vigilant. Peut-il s'approcher pour nourrir sa famille sans être en danger ? À chaque passage, il se rapproche un peu plus de ses petits, et finit par leur donner la becquée.

Encore une fois, la Vie est là et me dit « regarde-moi ! »

Pardon, il n'y a pas de point d'exclamation, ce n'est pas une injonction, mais une invitation.

J'en reviens à cet homme privé de la vue, dans l'impossibilité de voir le Beau, dans la seule capacité de dire, de s'exprimer par ses mots.

L'artiste, d'un geste appuyé, pose un morceau de papier sur le bandeau noir, absorbe la noirceur, le surplus d'encre et lève le voile sur le regard perdu.

L'homme dessiné reprend vie, le regard revient à la surface, redonnant son identité à l'homme masqué, égaré.

L'artiste part d'un regard fait de noir et de gris. Il ajoute du blanc, laisse apparaître la lumière, intensifie la profondeur, précise l'expression.

Le regard à lui seul est une vie, expression de la tridimensionnalité de l'existence de cet homme, simplement assis là, immobile, face à celui qui saisit la vie en lui.

J'interroge et l'artiste me dit « je structure, déstructure, puis restructure. »

Sans prétention, trois mots qui résument mon existence depuis quelques mois. Les personnes que je rencontre, celles qui me parlent de façon authentique, et que j'écoute avec attention, en ayant le sentiment de partager un moment unique, celles qui ont la bonté de m'embarquer dans leur voyage, évoquent mon regard.

Hier soir, en écoutant cet artiste assis en face de moi, en échangeant avec un couple que je ne connaissais pas, j'étais consciente de recevoir un nouveau cadeau de la vie, un moment précieux, et finalement peut-être pas si rare que ça.

Histoire d'un regard posé, là.

Robert a parlé de mon regard curieux, tous s'accordaient à dire que je faisais plus jeune que l'âge présumé de la mère d'une jeune femme de vingt-quatre ans.

J'ai expliqué que mon âge était dans ma tête, dans mon cœur. Il y a quatre ans, j'étais vieille déjà.

Robert a répondu « ta jeunesse est dans ton regard, dans lequel la curiosité s'exprime. » La jeune femme a ajouté « elle a le regard d'une enfant émerveillée de tout. »

C'est la plus belle phrase que l'on m'ait jamais dite. Se peut-il qu'après toutes ces épreuves, j'ai retrouvé mon regard d'enfant ?

J'ai le sentiment que mon nouveau regard est celui de la femme que je suis, à l'instar de ce bel artiste, épris de liberté.

Je vis, parle, regarde, écoute, écris sans retenue.

Mes épaules ne sont plus voûtées, mon regard n'est plus éteint.

J'aime regarder, avec intensité et reconnaissance, la beauté de la vie.

Merci.

Toulouse, le 27 septembre 2022

Diagnostic

Il y a ceux qui posent, ou plutôt imposent un diagnostic, comme tiré d'un de ces gros cornets surprises que ma mère m'offrait parfois, au détour de quelques courses.

Qu'y aura-t-il dedans ? Une surprise assurément à laquelle je ne m'attends pas. Un jouet de pacotille fabriqué dans un pays lointain.

J'apprécie particulièrement ceux qui, après dix minutes d'entretien, font tomber la guillotine : dépressive à vie, ma bonne dame, il n'y a pas grand-chose à faire que suivre votre traitement.

Mieux encore, ce médecin qui pose son verdict, simplement en lisant vos réponses au QCM[8] qu'il a eu la délicatesse de vous faire remplir dans la salle d'attente. Ça lui fait gagner du temps, certainement.

Donc questionnaire en main, il lit, levant de temps en temps les yeux, il vous pose trois questions, pour valider les réponses cochées par case. Le tout prend bien dix minutes quand même. Puis la

---

[8] QCM : Questionnaire à choix multiples

sentence tombe, tel un coup de maillet donné par un juge en pénal : « vous êtes bipolaire. »

« Pas l'ombre d'un doute, faut prendre des médicaments. Tenez, je vous donne une plaquette d'informations, tout est indiqué dessus. Pour la consultation, ça fera 80 euros. »

Le médecin en question est spécialiste en la matière tout de même, son diagnostic expert mérite salaire. Quant à la fameuse plaquette, une observation attentive met vite en évidence qu'elle est éditée par le laboratoire qui crée et délivre « la » molécule salvatrice.

Je suis fatiguée, lasse de ces médecins qui savent, sans prendre le temps ni d'écouter, ni d'ausculter.

Ils nous envoient de l'un à l'autre, de spécialistes en spécialistes. « Ah non, ça, ce n'est pas mon domaine d'activité. Moi je m'occupe du petit orteil droit uniquement, désolé ! »

L'image de ces médecins d'antan, avec leurs robes noires aux collets blancs m'apparaît.

Et un mot vient à ma conscience : mascarade.

Toulouse, le 5 décembre 2022

Céder n'est pas consentir

Très bien, ça aussi, il me faut l'affronter. Alors j'y vais, armée de ma plume qui va tracer des mots violents, je le pressens et peut-être des mots doux, à la fin. Je l'espère.

Il me suffit de fermer les yeux pour revivre la scène. Nous sommes chez mes amis, Valentin et Viviane, dans la chambre du fond, à l'étage, à côté de celle des enfants. C'est le petit matin.

Je suis allongée sur le dos. Claire est endormie sur ma poitrine, repue de sa tétée. Je suis bien, heureuse, mon enfant dans les bras. C'est un long moment tendre de câlin. Je sens Claire respirer, paisible.

Lucas, jusque-là allongé à côté de nous, se place sur nous de tout son long. Au début, je pense qu'il veut participer à ce câlin tendre, pourtant, je ne comprends pas très bien ce qu'il fait, où il veut en venir. Il pèse de plus en plus sur moi et j'ai peur qu'il écrase mon bébé.

Je lui indique de mon corps qu'il est lourd, et lui demande de se décaler en bougeant les hanches. Il s'implante encore plus dans la posture, et m'écarte les jambes en glissant son bassin.

Je n'en reviens pas, ne comprends pas, lui demande ce qu'il fait. Lorsque je réalise qu'il veut me pénétrer, je lui dis « mais qu'est-ce que tu fais ? Non, je ne veux pas, pas ça. » Il persiste et s'enfonce en moi « ne fait pas de bruit, tu vas alerter les enfants à côté. » Je dis « non, il y a Claire. » Il me répond « ne bouge pas, sinon tu vas la réveiller. »

Je panique intérieurement, je ne sais plus quoi faire : bouger et le rejeter au risque de réveiller brutalement Claire, qui, étant entre nous, pourrait percevoir la situation ?

Ou ne rien faire, ne rien dire, ne pas bouger, finalement tout faire pour que Claire ne se réveille pas, et ne se rende compte de rien ?

J'ai pensé à ma grand-mère. Je me suis dit qu'elle avait sûrement vécu ce genre de situation avec son mari. Je me suis dit que c'était peut-être « normal », qu'en tout cas Claire ne se rendrait compte de rien, ne souffrirait de rien si elle continuait à dormir profondément. J'ai pensé que c'était la meilleure « solution » pour elle.

Alors je n'ai pas bougé. Je l'ai laissé aller et venir dans mon corps. Toute mon attention portée sur mon enfant qui dormait là, contre mon sein, pendant que je subissais cette pénétration non voulue, rejetée de toutes mes forces, ce viol. Ça a été bref, il a rapidement éjaculé en moi. Il s'est retiré, Claire dormait encore.

J'étais salie, mais je pensais avoir fait au mieux pour la protéger. Il n'y a pas eu l'ombre d'un début de consentement. Dès le début, j'ai dit non de plusieurs façons, à plusieurs reprises corporelles et verbales.

J'ai cédé, ce n'était même pas du forçage, c'était mon premier viol marital.

Cette agression est restée gravé dans mon corps et dans ma mémoire, mais j'aurais pu vivre avec. Hélas, je n'avais qu'une partie de la scène, qu'une partie du scénario de cet homme dégénéré, qu'un viol sur deux : le mien.

La lecture de ses écrits m'a fait comprendre trois ans plus tard, que ce jour-là, ce n'est pas moi qu'il violait, mais sa petite fille de huit mois. Que lui avait-il fait avant ? Je ne le sais pas, et ne le saurais jamais. Mais ce que je sais, c'est que ce jour-là, il a utilisé mon corps pour violer sa fille, la mienne.

C'est précisément après cette lecture, après cette découverte innommable, que la culpabilité s'est immiscée en moi.

Moi qui pensais avoir protégé mon enfant, j'ai finalement permis cette abomination. J'ai l'impression de lui avoir donné l'autorisation, de l'avoir laissé avancer sur ce chemin de la perversité avec Claire.

J'aurais dû réagir, le rejeter violemment, quitte à réveiller mon enfant.

J'aurais dû lui signifier, lui interdire cet acte immonde. J'ai l'impression qu'à partir de cet acte, il a perçu Claire comme une femme, un objet sexuel.

Je n'aurais jamais dû céder.

J'aurais dû lui barrer la route.

Mes mots n'arrivent pas à être doux. J'ai beau les tordre dans tous les sens, j'aurais dû le repousser. Et je ne me pardonne pas, de ne pas l'avoir fait.

Je ne mérite peut-être pas de vivre une belle histoire. Je peux me relever de beaucoup de choses, mais de ça, je ne sais pas. À qui faut-il demander pardon ? À Claire ? Qui faut-il pardonner ? Moi ? Soulager ma conscience, en prenant le risque qu'elle ait mal, encore ?

Je relis ce texte et tout à coup, je réalise. Je n'avais pas conscience de ce que cet homme dément faisait dans sa réalité. À aucun moment de toute cette scène sordide, je n'ai pu imaginer ce qu'il avait dans sa tête démoniaque.

J'ai cédé au viol, à mon viol, en aucun cas à celui de Claire. Comment aurais-je pu comprendre ce qui se passait, comment cela aurait-il pu me venir à l'esprit ?

J'ai accepté un acte qui m'agressait moi, pas ma fille. J'étais consciente de céder à une pénétration forcée, mais je pensais, avec toute ma conscience de mère vivant une agression, protéger mon enfant par ma non-réaction.

Si j'avais eu le moindre doute, la plus infime pensée que c'était ma fille qui était agressée, j'aurais rejeté avec force et véhémence cet individu abscons, et je me serais enfuie définitivement pour sauver ma fille.

Je n'ai rien à me reprocher, tout simplement parce que je ne savais rien de ce qui se jouait. J'ai fait comme j'ai pu, avec ce que je pensais savoir, jusqu'à céder pour protéger mon enfant.

Je n'ai rien à me reprocher. Je ne suis responsable en rien de la déviance de cet homme, une démence si abjecte qu'elle n'est même pas imaginable. Je suis une mère et une femme digne.

Toulouse, le 13 décembre 2022

La honte

La honte est un sentiment dévastateur, intimement lié à la confiance en soi, inversement proportionnel en fait. Je l'ai ressenti tant de fois.

Enfant, j'étais joyeuse et je faisais souvent rire à mes petits dépens. J'étais drôle, et je n'hésitais pas à me mettre dans des situations burlesques pour déclencher les rires. J'étais un clown et cette honte « extravagante », comme l'appelle Nathan, m'allait bien.

Certes mes peurs et mes angoisses nocturnes me déstabilisaient, mais je ne percevais pas consciemment le danger et les bras de Maria me protégeaient. Dans son regard, j'étais soleil, dans celui de mon grand-père chéri, je me voyais princesse. Portée par ces deux êtres bons et bienveillants, j'avais confiance en moi.

J'avais entre neuf et dix ans quand les deux sont partis brutalement, sans avertissement, sans précaution. L'un est mort d'un infarctus. Je m'en sentais responsable. L'autre est partie « fonder sa famille. » J'étais sa famille. Comment pouvait-elle m'abandonner ? Qu'avais-je fait pour passer du statut de soleil à celui de poussière ?

Ma confiance en moi a commencé à vaciller.

Et puis mon frère m'a agressée sexuellement, je me suis effondrée de l'intérieur, sans avoir la moindre conscience de ce que ces gestes incestueux avaient réellement induits en moi. Il avait juste voulu me faire des câlins – plus tard, j'ai dit « faire l'amour » – tant il m'aimait. Simple répétition, ou presque de ce qu'il avait fait lorsque j'avais cinq ans.

L'œuvre de la destruction a commencé là. Amputée de mes deux piliers d'amour, fondateurs de ma confiance en moi – je leur en serai éternellement reconnaissante – je n'ai pas pu vivre la suite de ces actes subis comme il se devait : dire et verbaliser l'agression pour que mon statut de victime soit reconnu, pour que l'agresseur soit puni.

J'ai totalement perdu ma belle confiance en moi et je me suis effondrée lors d'un contrôle de maths. J'étais en cinquième. L'enseignante a alerté mes parents, mon comportement joyeux avait disparu. J'avais crié « je n'ai plus confiance en moi », en pleurs devant ma copie.

Elle était certaine qu'il « s'était passé quelque chose », m'a questionnée.

Je n'avais rien à dire, je n'avais vécu qu'un excès d'amour. Quant à mes parents, ils ne lui ont pas prêté la moindre attention.

Le travail de sape a continué, sournois, dévastateur, indicible. Sa plus grande arme : la honte.

Première étape : la honte de mon corps. Je détestais mes seins naissants qui attiraient le regard des garçons. Je haïssais ces hanches qui poussaient, provocatrices dans la glace de la salle de danse. Je me cachais derrière les autres filles aux hanches droites qui jouaient de leur corps souples, déliés, agiles. Elles étaient aussi fières de leur corps que j'avais honte du mien.

Les crises de boulimie ont commencé. Je n'en parlais à personne, trop honteuse de ces pulsions incontrôlables.

La honte s'est répandue dans tous les domaines de ma vie, comme une tâche d'huile. J'ai eu tant de fois la sensation de ne pas être à la hauteur !

Ce sentiment m'a fait accepter l'inacceptable, et ces acceptations ont à leur tour engendré l'émotion destructrice... cercle vicieux à l'infini.

La honte est devenue mon marécage, je ne parvenais pas à en sortir. Abandonnée par mes fidèles alliés, je n'étais pas capable de m'en extraire seule.

J'étais fière pourtant du chemin parcouru dans mes études plutôt brillantes, je peux le dire : majore de promotion en DEA[9], financée pendant celui-ci, et en route pour une thèse prometteuse.

J'avais honte de mon corps, certes, mais pas de mon esprit. C'est venu après, quand j'ai rencontré Lucas, ou plutôt quand j'ai réussi à fuir son emprise.

Comment ai-je pu accepter ses gestes humiliants, dégradants ? J'avais honte d'avoir subi les gestes en eux-mêmes, et j'avais honte de les avoir acceptés.

Ce que j'ai ressenti dans ma « non-protection » de Claire va bien au-delà de la honte. Le sentiment est plus violent : la culpabilité,

---

[9] DEA : Diplôme d'études approfondies

cet énorme couteau tranchant, que je pointais en direction de mon cœur. Je viens à peine de m'accorder le pardon, qui seul pouvait m'autoriser à vivre pleinement heureuse.

La honte sociale s'est invitée à moi. De retour à Berthelioux, dans une situation d'urgence avec Claire, j'ai dû supporter le regard désapprobateur des autres. Mon père n'appréciait pas les vagues que je faisais dans son microcosme. Mes démarches pour savoir si Claire était en danger auprès de son père, le gênaient. Elles entachaient sa réputation « d'ancien premier maire adjoint » et celle de ma mère, « la pédiatre » de Berthelioux.

Il est allé jusqu'à vouloir me faire taire, m'immobiliser dans mes actions de protection, me menacer : « si tu continues, tu vas tuer ta mère. » Je l'ai chassé de mon appartement… petit instinct de mère, dont je suis fière.

Quant à Laurent et Eléonore, son épouse, après m'avoir quelque peu soutenue – une promesse de rencontre avec Maître Gisèle Halimi devait servir de miel – ils nous ont tout simplement cachées, Claire et moi, de leur cercle d'amis, pourtant les miens dans l'enfance.

Nous étions la honte de la famille. La mère dont la très jeune enfant a « subi des choses. » Imaginez : la petite fille du pédiatre qui n'a rien vu !

Nous étions le sujet tabou. Je leur accordais cependant le bénéfice du doute. Peut-être ne faisaient-ils pas exprès, peut-être n'étaient-ils pas conscients… jusqu'aux quarante ans de mon frère Laurent, fêtés à grand renfort d'amis, copains, connaissances en tous genres. Je n'étais pas invitée.

Mes parents me regardaient avec pitié, mon frère avec gêne et difficulté.

Je pratiquais la boxe française, honteuse, mais aussi apeurée et en colère contre l'agresseur de mon enfant, le mien aussi. Mais ça, les viols subis, n'avait plus d'importance, plus d'existence. J'étais, nous étions, ma fille et moi, des parias et je devais rester debout pour elle.

Je suis partie honteuse de Berthelioux, espérant retrouver les regards bienveillants de mes amis. Là encore, ça n'a duré qu'un temps.

Sylvain m'a rencontrée, fière, combattante. J'étais au chômage, mais acharnée dans ma recherche d'emploi. Je sortais d'une dépression « réactionnelle » – première hospitalisation – apparemment indemne, voire plus forte.

J'avais réussi à protéger Claire, mais exsangue, le sentiment de culpabilité m'a ravagée. Je voulais mourir, la souffrance me paraissait insurmontable, en plus d'indicible.

J'ai pourtant retrouvé un poste intéressant et valorisant, au sein d'un établissement culturel et scientifique. Sylvain et mes amis me voyaient comme une femme courageuse, étonnante, brillante dans l'art de mener à bien le projet de rénovation.

Et de fait, je me sentais celle-ci. Entre le marteau – la direction – et l'enclume – les exécutants – je prenais les missiles en réunions de chantier. Je négociais, je disais « non » aux uns et aux autres et je faisais avancer le projet. Je me sentais chef d'orchestre n'ayant pourtant pas la moindre compétence dans l'art de jouer des différents instruments.

Personne n'enviait ma place. « Comment fais-tu pour supporter ce bordel ? » Mais moi, je me sentais un poisson dans l'eau et j'étais fière.

Puis j'ai eu le bonheur d'attendre un nouvel enfant. L'établissement allait rouvrir, je pouvais passer sereinement à cet autre projet.

Hélas, ma grossesse n'a pas été paisible. J'ai dû vivre une « médiation » avec Lucas. Je portais mon enfant en moi et j'entendais cet homme mentir effrontément. J'ai dû accepter que Claire retourne chez lui et il a recommencé ses gestes insidieux, mais choquants dès leur commencement, pour ma fille de douze ans alors. Heureusement, elle a exprimé son malaise, son refus de revoir son père et a été entendue par les hommes et femmes de loi.

Cette fois-ci, j'ai réagi immédiatement, je suis repartie au combat. J'ai rapidement mis hors de nuire ce géniteur destructeur, mais le mal était fait dans mon ventre de mère. Ma culpabilité a resurgi, ainsi que l'angoisse de ne pas être à la hauteur pour protéger mon nouvel enfant d'un quelconque danger.

Mes blessures de l'enfance, celles de ma vie de femme tues… la plaie s'est réouverte, béante.

Je me suis effondrée à plusieurs reprises. J'ai perdu mon statut de femme forte et vaillante, je suis devenue « la dépressive. » Sylvain avait tant de mérite à me supporter, me porter, assumer seul la famille, finalement. Aux yeux de tous, il était mon sauveur, et moi, celle à sauver.

J'avais honte de mon état, je voulais montrer à tous que je n'étais pas que cette femme triste et fatiguée. J'avais honte d'être en arrêt maladie. J'ai eu honte de percevoir une pension d'invalidité.

Handicapée, invalide, dépressive : j'avais tellement honte d'être une paria, d'être une sangsue de la société, d'être un poids pour mon mari.

Le sentiment de honte se nourrit de lui-même. Il s'est immiscé dans mon corps, dans mon esprit. Il y a pris toute la place, mettant échec et mat, la confiance en moi et la fierté, épisodiquement ressenties.

J'ai mis un pied en dehors du cercle de la honte le jour où j'ai exprimé ma souffrance traversée tout au long de ces années, à d'autres personnes qu'à mes soignants.

J'ai vu dans leurs regards le respect, l'admiration : j'avais vécu tout cela et j'étais là, debout devant eux. J'ai retrouvé ma dignité à travers le témoignage de ma souffrance.

La dignité au-delà de la souffrance. Je n'ai plus eu honte de parler de mon histoire, de mon vécu. Mieux encore, à chaque fois que je témoigne aujourd'hui, je vois dans les regards, j'entends, dans les mots qui me sont dits en retour, que je porte l'espoir.

Aujourd'hui, je marche fière et droite, mes épaules se sont redressées. Je n'ai plus honte et j'ai même su me pardonner.

Pourtant sur un sujet, la honte était encore cachée en moi. Je me sentais honteuse lorsque je devais me montrer économe.

Mon père m'a tellement « tenue » par l'argent, sous-entendant que je n'étais plus capable d'assurer ma part du contrat conjugal, sous-entendant que malade, puis handicapée, je ne pouvais plus subvenir aux besoins de mes enfants. Il nous donnait l'argent en catimini. Sylvain a accepté, moi aussi, validant ainsi l'hypothèse.

Lorsque nous nous sommes rencontrés, Sylvain et moi avions le même salaire. Ça lui allait bien, d'autant que j'avais des fonds prometteurs pour l'achat d'une belle maison.

En tombant malade, mes revenus, la part contributive à la vie de notre foyer, a baissé. L'étau financier s'est resserré et les tableaux Excel se sont complexifiés. Il fallait tout compter, tout tracer des achats vestimentaires aux achats alimentaires, du steak à la baguette.

Mon époux est devenu celui qui rapporte l'argent dans le foyer, et moi, celle qui le dépense inconsidérément... enfin... selon lui.

J'étais dépensière, il était radin, pardon, économe. Et plus je l'étais, plus il l'était en retour et inversement. J'ai caché mes dépenses jusqu'à huit euros de pressing. J'ai regretté mes achats systématiquement, jusqu'à cette bouteille de champagne achetée trop cher. Une amie, en peine de me voir si inquiète de la réaction de mon mari, s'est sentie obligée de me la racheter.

Jusqu'à cette tranche de viande rouge offerte à Claire et son amoureux Gaspard, venus nous aider à réparer la terrasse. Jusqu'à l'achat des croissants, pendant le confinement.

Alors oui, le sujet de l'argent me fait honte. J'ai honte de ne pas pouvoir être généreuse. J'ai même peur de paraître radine lorsque je suis invitée au restaurant, en sachant que je ne pourrais pas rendre l'invitation. J'ai l'impression de tendre la main, j'ai la sensation de mendier. Et ça me fait d'autant plus honte que je suis propriétaire de ma maison.

Je réalise que je me suis mise dans la même situation que nous avons vécue avec Sylvain, ou du moins celle qu'il m'a fait penser que nous vivions, malgré notre lieu d'habitation : une grande maison en plein Toulouse. Je me sens pauvre au quotidien et ça me fait honte.

En relisant cette lettre, je réalise que la honte m'accompagne depuis mes douze ans… ça fait de nombreuses années… la longueur de cette lettre en témoigne. Et encore, je n'ai pas tout dit.

Dans le reflet du miroir de la honte, il y a l'humiliation. J'ai été humiliée, à d'innombrables reprises, dans mon corps. J'ai été humiliée, mise plus basse que terre, dans mon esprit.

Aujourd'hui, je peux tout dire, tout raconter jusqu'au moindre détail, s'il le faut. Je n'ai plus honte de ce que les autres m'ont infligé. C'est leur petitesse, leur vilénie, leur abjection, pas les miennes.

J'ai vécu tout cet incroyable, mais je n'en suis pas responsable.

Ma conscience éclaire mes zones d'ombres, celles qui m'empêchent de vivre, telles la honte et la culpabilité.

Mon âme m'apporte l'apaisement, en guidant ma plume.

Ma dignité, conquise depuis si peu de temps, est mon plus haut rempart contre la honte.

Je ne permettrai plus jamais à personne de la mettre à mal.

Aujourd'hui, mon dos n'est plus voûté. Je me tiens droite et personne, plus jamais ne pourra me faire courber.

Je suis une femme libre et digne.

En cette abbaye, le 26 février 2023

Signes

Ma très chère amie,

C'est à toi et à tous que j'ai envie d'écrire.

À toi en premier, car je sais que tu comprendras.

À tous en second, car je pressens dorénavant que mes mots ne m'appartiennent pas, ils sont à partager.

Je t'écris donc pour parler à tous, dans le réconfort, la chaleur et la sécurité de notre intimité.

Dans cette lettre, je sens que ma plume va me porter vers la narration des signes qui jalonnent ma vie, m'encouragent à avancer encore et encore, m'invitent sur un chemin qui, je le comprends maintenant, est le mien.

Il y est question d'abnégation, de dépassement de la souffrance, de franchissement du seuil de la peur, de protection des plus faibles, d'Amour au fond.

Le premier petit oiseau qui m'ait tenu compagnie est un moineau qui se posait sur le rebord de ma fenêtre de la clinique, je venais d'accoucher de Claire. J'étais heureuse, mais un léger nuage de nostalgie cachait le soleil de ma maternité : le blues d'avoir perdu ce petit être que je choyais en moi depuis neuf mois.

Des oiseaux m'ont ensuite accompagnée à chacune de mes hospitalisations en cliniques psychiatriques. L'un, sur le rebord de ma fenêtre, l'autre au détour des allées du parc, sautillant devant moi. Il semblait me dire « allez Sophie, encore un peu, allez, avance jusqu'à moi, accroche-toi … »

Je me suis accrochée à chacun de leurs sauts, à chacune de leurs plumes. Il me fallait bien ça.

J'en viens à ces derniers jours, plus précisément à ce jeudi 2 février. Marcel vient de me jeter dehors de l'hôtel Parisien où je le retrouvais, je suis assise sur un siège, en plein vent, gare Montparnasse. J'ai deux heures à attendre, mais je ne le sais pas vraiment.

Je ne sais plus rien. Je suis en état de choc, j'ai froid et pourtant je reste là, incapable de bouger.

Je perçois quelque chose qui bouge dans mon champ visuel, rendu presque aveugle.

Dans mon brouillard, un petit oiseau sautille avec insistance devant moi. Pourtant je n'ai rien à lui donner, aucune miette, si ce n'est mon regard hagard et vide.

Je prends alors conscience que j'ai froid. Et ce petit oiseau semble insister. Je n'ai pas eu l'idée jusqu'ici de me mettre au chaud dans un quelconque café.

Non, je suis là aux quatre vents et je ne réfléchis pas qu'il pourrait en être autrement. Pourtant, cet oiseau me fait tourner la tête vers un endroit où les gens ne portent plus leurs manteaux, un endroit presque chaleureux sur ce quai de gare.

Telle une automate, je me lève pour me mettre à l'abri et me réchauffer d'un café.

Un petit oiseau est entré à l'intérieur du « salon de thé », le sourire est monté à mes lèvres malgré l'immense gifle que je venais de recevoir.

Depuis ce jour, les signes pleuvent et m'encouragent à suivre un certain chemin, celui de la liberté et de la spiritualité.

Cet homme rencontré par hasard dans une librairie juste avant mon départ pour cette abbaye. Ce clin d'œil qui m'a ouvert les yeux sur le fait que je ne dois pas revenir vers le dernier donneur de baffes en date.

Le message sous forme de chanson, « dear Sophie », envoyé par Maeva, dont je n'avais pas de nouvelles depuis un an.

Le texte sur cette sainte dont je ne peux m'empêcher de retranscrire un passage : « Elle est une sainte des temps difficiles, une âme forte capable de conserver fraîcheur et sérénité à travers les pires cataclysmes, de servir le Seigneur avec une charité sans défaut et de goûter la douceur de son amour au milieu des épreuves, car son espérance est attachée plus haut que les apparences d'un monde qui passe. Benoît et sa sœur nous apprennent qu'il n'est pas nécessaire d'être assurés de demain pour bâtir aujourd'hui. » Pierre Journel.

Je n'avais pas eu le loisir, ni seulement même la possibilité de lire ce texte avant. Était-il déjà affiché ?

Je comprends pourquoi je me sens si bien lorsque je viens ici dans les bras de cette sainte et ceux de Marie aussi, depuis tant d'années et même si ce n'est qu'en pointillés.

L'intérieur de l'église a été totalement rénové, j'y vois un signe de renouveau.

Les sœurs ne sont plus isolées des visiteurs et je me sens accueillie dans le chœur de Dieu.

Ce matin réveillée à 6 heures, je ressentais le besoin impérieux de silence. J'ai glissé vers la salle du petit-déjeuner et je savourais d'être seule. Je n'avais pas envie de tenir une conversation et la jeune Ariane a dû le sentir en arrivant dans la salle car elle a pris son petit déjeuner, muette.

J'étais en face de la bibliothèque et un livre a attiré mon regard. Il était écrit « Journal de l'âme - Jean-Paul II », en gros caractères sur sa tranche. Je me suis levée et laissant les pages s'ouvrir au hasard, j'ai lu : « les bavardages qui, dans la bouche des gens du monde ne sont que bavardages, deviennent des blasphèmes dans la bouche d'un prêtre. » Propos de Saint-Bernard vécus par Jean-Paul II lorsqu'il était séminariste.

Je me suis autorisée à dire à la sœur hôtelière que je n'étais pas apte à entretenir une conversation sur la météo. J'ai nécessité à vivre dans les profondeurs, les quelques jours à venir du moins.

J'ai failli acheter tout à l'heure une carte pour Berthe : un banc en bois vide au milieu d'un parc et la phrase « tout arrive à qui sait attendre. » Mais au fond de moi, je craignais d'alimenter sa rancœur, elle qui souvent est submergée par le fiel.

Je voulais qu'elle y voie une lueur d'espoir, j'avais l'intuition qu'elle pourrait y alimenter sa colère. Je me suis dit « mais non ... quand même. » Et je l'ai ajouté aux dix autres cartes déjà choisies.

Arrivée à la caisse, la sœur n'a pas réussi à scanner cette seule carte. Toutes les autres sont passées sans problème, mais pas celle-ci. J'ai compris. Je l'ai échangée contre une jolie fillette à l'étole rose, les mains jointes, elle est accompagnée de la phrase « pour parler à Dieu, il suffit de fermer les yeux et d'être à l'écoute de son cœur. »

J'en viens à la rencontre avec une femme portant le prénom d'Estelle tout à l'heure.

J'ai rencontré ma première Estelle dans une formation sur la sophrologie et la douleur. Elle est devenue mon amie. Et le chemin entre la Suisse et Toulouse n'a jamais été aussi court.

Ma deuxième Estelle est sophrologue elle aussi. Elle est éclairée par la foi, lumineuse de simplicité. Du rejet brutal de Marcel, sa première phrase fut « cet homme te fait un cadeau en te quittant, je le pense sincèrement », puis « prend le temps des larmes, le temps de la bénédiction viendra après. »

Ma troisième Estelle, le sera-t-elle ne serait-ce qu'un instant m'a dit à propos du dîner de ce soir « nous serons deux ce soir. Je m'en réjouis, c'est un privilège. » Je sens que je vais découvrir une belle personne, je suis prête à me laisser toucher.

PARTIE III

RÉSURGENCES

Toulouse, le 2 octobre 2023

Mon anus me gêne

Réveillée au milieu de la nuit, le bas de mon ventre est douloureux et mon anus me gêne.

Comme si mon corps ne se résumait qu'à cet endroit. Mon anus me gêne.

Je revois cette cave en boucle, la clé posée en hauteur, sur l'étagère juste à côté, comme si son accès ne pouvait être libre, mais soumis à un cadre rigoureux et réglementé.

Je revis mes chutes dans l'escalier. La première, j'avais environ huit ans. La fracture de mon coccyx, les suivantes provoquant cassures sur cassures de cette zone pourtant sacrée.

Mon anus me gêne, je bouge sur mon siège, je me tortille. Je suis petite. Mon trou des fesses me dérange.

Ma mère regarde, scrute mon anus. Je me sens gênée, mais elle est médecin. C'est son métier.

Elle le trouve rouge, irrité. Le verdict tombe : j'ai des vers, il faut vermifuger.

J'ai fait de nombreux vermifuges enfant, mais rien n'y fait, mon anus me gêne, me dérange, me brûle.

Je me souviens des suppositoires, médicaments privilégiés de ma mère. Ça piquait, je n'aimais pas ça.

Dans cet instant, mon anus me gêne, je le sens boursouflé, omniprésent, trop présent, il prend toute la place de mon corps, avec le bas de mon ventre lourd, douloureux.

Mon anus me gêne et j'ai mal au ventre. Mon anus m'a toujours gênée.

Plus tard dans mes relations sexuelles – impossible d'écrire amoureuses – mon anus m'a toujours gênée. Je l'ai toujours senti tendu, serré, obstinément fermé et résolument intouchable, souvent à la surprise des hommes dans mon lit.

Mon anus me gêne depuis que mon père m'a violée, à d'innombrables reprises, et tandis que j'étais toute petite.

Les vermifuges et les crèmes n'y ont rien fait parce que ce n'étaient pas des vers qui me gênaient, mais son sexe dans mon anus.

Comment ne pas ressentir de la haine ?

J'avais mal, mais il m'imposait le silence d'une main sur la bouche pendant le viol et d'un regard noir péremptoire après sa jouissance immonde. J'avais peur.

Comment ne pas pleurer ?

Pourtant, je n'avais droit à rien, je ne devais montrer aucune émotion, ni crainte, ni peur, ni colère, ni tristesse.

Afficher sur mon visage un sourire figé, certes, mais un sourire quoi qu'il advienne : rester droite dans mes bottes et subir encore et encore le supplice de la cave.

Je me souviens de tout ou presque tout.

J'y suis bien, mais j'y suis pas bien.

C'est un jeu, mais c'est pas un jeu.

Comment ne pas le haïr ?

Écrire. Écrire encore et encore pour laisser sur ce papier s'imprimer la douleur, la tristesse, la peur, la colère et la haine, et qu'enfin je puisse vivre libre de toute cette salissure qu'il a déposée, gravée dans mes cellules.

Comment ne pas le maudire ?

Je me sens vide et pleine à la fois. Absente de mon corps et pleine dans mon anus, dans mon rectum où les excréments s'accumulent à plusieurs reprises par jour, jusqu'à six, sept fois, pour évacuer certainement ce qui me gêne tant.

Comment n'y a-t-il pas eu plus de traces, plus de lésions enfant ? Comment était-ce possible de violer un enfant par son anus ?

Il y a bien eu des fissures anales que j'ai endurées, mais j'étais adulte déjà. Étaient-elles là avant ?

Je comprends tout de ce corps que je ne voulais pas laisser grandir. J'entends enfin tous ces mots.

Je revis ma peur omniprésente.

Les nuits où, effrayée, j'appelais ma mère au secours. Elle ne venait pas, alors je me souviens de cette première fois où j'ai plongé profondément mes doigts dans ma bouche pour me faire vomir.

D'où venait ce geste ? J'étais si petite.

Comment savais-je déjà qu'en enfonçant mes doigts dans ma bouche j'aurai un réflexe de vomitif ?

Rendre pour faire venir ma mère ?

Dégueuler pour ne plus supporter l'insupportable.

Gerber pour expulser de mon corps, de ma bouche, ce qui me gênait.

Ma mère n'est jamais venue. Elle criait à travers la cloison « tais-toi, dors. »

J'ai onze ans, peut-être douze, mes hanches s'élargissent. Je les vois, évidentes, alors que je suis en justaucorps derrière mes copines à la danse. Dans le miroir, je vois ces corps filiformes, sans formes et le mien, mes hanches qui poussent. Mon corps qui change, mes hanches et mes seins qui apparaissent.

Il me fait peur, je refuse ce corps qui, je le sais, je le pressens, va – ou attire déjà – le regard des hommes dont celui de mon frère qui guette.

Mon père est-il intéressé par ce corps de jeune fille ? Je ne sais pas, je ne crois pas. Je ne crois plus. Il est passé à autre chose. Déjà, il a exploré, détruit, ravagé mon corps de fillette.

Celui-ci qui annonce les prémices d'un corps de femme, il le laisse aux autres, à son fils. Lui s'est déjà servi.

Il ne reste que des miettes, mon corps vide ne l'intéresse plus. Et puis il n'y a plus de terreur à installer. Il n'y a plus de jouissance à vivre de ma peur, de mon petit corps rétracté. Je suis morte et inerte. Ce n'est plus un jeu, même pour lui.

Je dois encore vivre un peu, quelque part, au fond, pour avoir peur de subir encore d'un autre, de mon frère de huit ans mon aîné.

Je me souviens avoir pensé qu'il était comme un père pour moi. Je pensais que l'absence de mon père était la cause de ce sentiment « déplacé » vers mon frère.

Il était mon grand frère protecteur et aimant. Parfois, quand j'avais peur la nuit ou après avoir fait un cauchemar, je me faufilais dans son lit. J'ai vite cessé, étonnamment très vite, pour aller me réfugier dans la petite chambre de bonne au lit une place, dans les bras de Maria, bien seul lieu de sécurité.

J'ai empêché mon corps de se développer. J'ai porté des salopettes serrées et si tendues que ma poitrine restait plate en apparence.

Jusqu'à en avoir des abcès et une nuit crier ma douleur à ma mère qui m'a répondu alors « tais-toi, c'est rien, ça pousse. »

Comment aimer cette mère-là, que j'associe à une marâtre, complice involontaire – j'en viens à me demander si elle l'était vraiment – de mes bourreaux.

Peu à peu, je revis mon enfance jonchée de souffrances et de supplices.

Combien de fois mon père m'a-t-il violée ? Elles ne se comptent pas, je les sais innombrables et instaurées tel un rituel « viens, on va à la cave. »

Comment ne pas le haïr ? Comment ne pas vomir ? Comment ne pas le maudire pour l'éternité ?

Mon frère, ce père de substitution, celui en qui j'avais foi et confiance, s'est servi à son tour de mon corps devenu objet.

Il s'est fait père ... à la façon de mon géniteur.

Ils sont des détraqueurs (cf. Harry Potter), des voleurs d'âmes. Des charognards qui, sans le moindre la moindre hésitation, ni l'once d'un remord, se servent d'un corps qu'ils ont rendu mort, inerte, objet.

Ce sont des êtres sans âmes. Des êtres morts, qui, pour se sentir vivants, ont volé la vie en moi, les éclats de rire, la joie et l'innocence.

Je reviens à la vie lentement.

L'amour retrouvé de Maria m'a aidée. Le soutien de Marie, ma spiritualité renaissante me portent à l'Amour, m'invitent au témoignage et m'empêchent de sombrer dans la noirceur de mes bourreaux.

Je veux garder espoir qu'un jour la douleur, la tristesse passeront leur chemin. Je veux garder espoir en ma guérison définitive de ce mal, de ces mâles qui me détruisent depuis que j'ai cinq ans, peut-être avant. Ai-je seulement eu le temps de naître à l'enfance ?

Toulouse, le 18 octobre 2023

Agressions

J'ai peur.

Réveillée depuis plus d'une heure, j'ai réussi à sortir de mon lit pour écrire ces mots qui tournent en boucle dans ma tête. J'ai peur à en crever.

Je suis blottie dans mon lit, réveillée par un cauchemar à 2 heures du matin. J'ai envie de vomir et mes intestins me brûlent.

Quels souvenirs encore vont resurgir à mon corps, puis à ma conscience ? Cauchemar d'un homme qui me menace comme la nuit précédente.

J'ai peur. Je suis recroquevillée sur moi-même, je voudrais me lever, mais j'ai peur de sortir de mon lit, sortir de ma chambre.

Je me sens exténuée, vidée d'énergie. Toutes mes articulations me font mal, mon corps entier est en souffrance.

Je suis tétanisée. Je voudrais bouger, mais je n'y arrive pas. Mon corps ne répond plus.

Je suis là, mais je ne suis pas là, je suis dans mon corps, mais je n'y suis pas. J'ai peur. J'ai peur et j'ai mal.

Je vis un état présent, celui d'une femme agressée par un homme qui a voulu rentrer de force dans sa maison.

Je revis à un état passé. Je suis cette petite fille laissée pour morte sur le sol de la cave.

Je viens d'être violée, une fois encore.

Le rituel et les phrases en ritournelle.

J'y suis bien, mais j'y suis pas bien.

C'est un jeu mais c'est pas un jeu.

Je suis là, mais je ne suis pas là.

Je suis dans mon corps, mais je n'y suis pas.

Viens, on va dans la cave.

Je suis vide, je ne peux plus bouger, mon corps est inerte, je suis morte. Mon cœur bat fort, seul signe de vie encore. Signe de peur surtout, signe d'agression.

J'écris et les larmes montent à mes yeux. J'écoute mon corps, mon cœur qui bat fort, ma poitrine oppressée par le poids d'une enclume imaginaire.

Et cette envie de vomir forte. J'ai eu quelque chose dans la bouche, je veux le retirer, je veux me reculer, mais je ne peux pas. Je suis forcée.

Ma gorge se resserre, mes mâchoires se contractent, mais je n'ai pas le choix. Je reçois en moi ce sexe, le phallus de mon père et je ne peux rien faire.

J'ai envie de vomir mais je ne peux pas, je ne dois pas. J'ai peur.

Je perçois la menace, réelle, visible. Il me fait peur.

Le couteau revient à mon esprit. Le couteau qui me taille les veines.

Cette image est revenue tant de fois à mon esprit. Je me vois les veines tranchées, le sang débordant ou pendue. Hospitalisation en urgence pour faire taire ces images récurrentes, violentes, intrusives, incontrôlables. Neuroleptiques à forte dose.

Tentative, malgré le milieu protégé, j'essaie de m'étrangler avec une jambe de mon pantalon.

Je veux mourir, je veux en finir avec cette souffrance innommable, ces angoisses qui me rongent.

J'ai peur, je souffre, voudrais hurler, aucun son ne sort de ma gorge. Je ne peux rien dire. Silence imposé.

Et lorsque je crie la nuit, lorsque j'appelle ma mère, elle ne vient pas, me lance en retour à travers la cloison qui sépare nos chambres « tais-toi, dors. »

Mais moi, j'ai peur et je ne peux pas bouger. Alors j'essaie de me faire vomir, mettre mes doigts bien profonds dans ma gorge. Le réflexe est là, mais ça ne marche pas, ou pas assez. Rien ne vient, rien ne sort qui soit suffisant pour que ma mère ne vienne.

Je fais pipi au lit aussi. Il faut souvent changer les draps au petit matin. Le geste en devient banal et anodin.

Mon seul refuge : le lit de Maria, son petit lit et ses grands bras. Je me blottis au creux de son corps en V. Deux cuillères imbriquées l'une dans l'autre. Elle me cajole, je me sens rassurée, je peux me rendormir.

Que faire de cette peur ? La nommer, la décrire pour ne plus qu'elle me paralyse ?

L'exprimer et porter haut la voix pour qu'enfin elle soit entendue.

Je ne veux pas la museler, ni la faire taire. Je la respecte trop pour ça. Elle a essayé de me sauver la vie tant de fois.

J'ai peur et ma peur est légitime.

J'ai été agressée il y a quatre jours, rien que ça, c'est suffisant. Ma peur est déjà respectable.

En quelques mots, quelques gestes, un regard, mon père m'a fait revivre les viols qu'il m'a fait subir enfant.

J'ouvre la porte : il est là, en face de moi, l'air l'innocent, le regard bienveillant « Sophie, c'est moi. »

Je suis surprise, je ne m'attendais pas à le voir. Je vois le père que j'ai pensé avoir, cet homme à la forte présence, au charisme indéniable. Mon père, cet homme bon, tel qu'il se montre aux autres, tel qu'il est perçu par ceux qui le croient.

Je reste quelques secondes sous le choc de la surprise. Il va commencer à parler. Instinctivement, je dis « NON » et je veux fermer la porte.

Trop tard, pas assez rapide et lui déjà prêt : il a glissé son pied dans l'entrebâillement de la porte et pousse celle-ci déjà.

Le rapport de force physique commence. Il appuie de tout son corps sur la porte, je pousse en retour pour ne pas le laisser rentrer. De toutes mes forces, rien n'y fait.

Je lui demande de me laisser tranquille. Il persiste, pousse plus fort encore et laisse son pied. Sa putain de chaussure marron ne bouge pas d'un millimètre tandis que j'essaie de claquer la porte sur lui.

Rien à faire, il est dans la place.

Il me parle de ma mère « qu'est-ce que tu lui reproches à ta mère ? »

Je ne réponds pas. « Tu ne viendras même pas la voir alors qu'elle est sur son lit de mort ? Tu es une mauvaise fille ! »

Je ne réponds toujours pas, je me tais en bloquant la porte, puis « je ne viendrai pas. »

« Je l'aime ta mère, tu sais. Je l'ai aimée pendant soixante-deux ans. Tu ne trouveras jamais, toi, un homme qui t'aime pendant soixante-deux ans ! »

Je réponds « ça, c'est sûr puisque tu m'as pourri toute ma vie. » « Et toi tu m'as pourri la moitié de ma retraite. »

Je pense « c'est bien peu par rapport au mal que tu m'as fait. » Ainsi donc qu'il a été peinard toute sa vie !

« Tu n'es pas un père, tu n'as rien d'un père. » Il ne semble pas surpris, son regard commence à changer. « Mais je t'aime, moi. »

« Laisse-moi tranquille dans ma maison. »

« Oh, tu sais, la plupart des pierres de cette maison m'appartiennent. »

Je veux qu'il parte, je regarde son pied.

« Je vais appeler la police. »

« Ben fais-le ! »

« Je ne peux pas, je n'ai pas mon téléphone. »

Je suis coincée là, derrière cette porte, obligée d'entendre ces mots, subir sa pression et son regard. J'attrape le vase sur ma gauche et le jette par l'entrebâillement. En vain, il l'a évité !

« Laisse-moi tranquille, tu es un connard, je te déteste. »

De ma main gauche, j'essaie de faire lâcher ses mains de la poignée de la porte.

Je bloque la porte avec mon pied, mon bras droit, mon corps de toutes mes forces. De ma main gauche, je saisis ses mains agrippées sur le poignet, je veux le faire lâcher. Il m'attrape l'avant-bras, serre.

Me regarde froidement, son regard n'est plus que haine et rage contenue. Déshumanisé.

L'échange de regard en silence est long, très long. Il ne dit plus rien, il me menace de son regard. Il me serre le bras fort, plus fort, veut me faire céder.

Je plante mon regard dans le sien. « Tu ne me fais pas peur, tu ne me fais plus peur. » Et je parviens à dégager mon avant-bras. Il fait un pas en arrière : « peur, pourquoi je te ferai peur ? » en riant de façon sardonique. Son regard a changé.

Mais son pied est toujours là, impossible de fermer la porte. « Laisse-moi tranquille. »

« Demande-le-moi gentiment. » Et avec une voix mielleuse, « papa – en faisant traîner les syllabes comme pour mieux insister encore – s'il te plaît… »

Je ne répète rien, je suis blottie contre la porte. Il répète « papa… s'il te plaît… »

J'hésite, dois-je répéter pour qu'il me laisse tranquille et retire son pied ?

Je ne peux pas : l'appeler « papa » m'est impossible et je sens que je ne dois pas céder.

Je regarde son pied et comprends que le seul moyen pour qu'il bouge et dégage, est d'ouvrir la porte.

Je n'ai pas répété ses mots, mais le silence a servi d'accalmie apparente.

Tout son poids est contre la porte.

Je l'ouvre et il perd l'équilibre vers l'avant. Alors de toutes mes forces, de mes deux bras tendus et de tout mon corps, je le pousse en arrière et réussis à franchir le seuil de ma maison. Il perd l'équilibre en arrière, fait quelques pas et tombe à la renverse sur l'escalier de la rue.

Je culpabilise presque et j'ai un mouvement vers lui pour l'aider à se relever, mais il bondit aussitôt, s'est remis en équilibre avec une vitesse fulgurante.

Vite, je me réfugie chez moi, j'ai à peine le temps de claquer la porte. Il est déjà sur la poignée et essaye d'ouvrir. Il rugit « ah la garce ! »

J'ai du mal à tourner la clé, la porte n'est pas tout à fait enclenchée. Je pousse fort, désespérée. Enfin, je réussis à m'enfermer, je me précipite sur mon téléphone et appelle la police.

J'ai peur, je pleure.

La personne au bout du fil - un homme ? une femme ? - me demande de regarder par la fenêtre s'il est encore là.

Je le vois sur la droite, marchant à gauche des voitures en stationnement. Il titube légèrement, comme s'il était sonné. Il semble se diriger vers une voiture. Je ne le vois plus.

C'est fini.

Il est venu me faire taire, il m'a entendue.

Il est venu m'intimider et me faire replonger dans mon enfance de petite fille martyre … « demande-le moi gentiment… s'il te plaît… papa… » Il n'a entendu que mon silence.

Il est venu voir et menacer une enfant.

Il a vu une femme libre et courageuse en retour.

Je ne suis plus à sa merci.

C'est fini.

J'ai retrouvé mon pouvoir et ma force.

Tu es venu me faire peur et me faire taire.

Tu n'as fait que prouver la véracité de mes souvenirs, tu es donc bien ce père-là : un bourreau et un assassin d'enfants.

Tu n'as fait que renforcer ma parole et donner de l'élan à ma plume et à ma voix.

Je vais parler, écrire et ton regard n'y changera rien. Il ne sera que dilué dans l'encre de mon encrier. Insignifiant, inconsistant, juste là pour renforcer la couleur noire, indélébile de mes mots.

C'est fini.

Ta chère notoriété va en prendre un coup, tu ne seras plus le notable respectable de Berthelioux.

Ta mémoire sera souillée comme tu as souillé mon corps et ma vie.

Tu es mort et je ne le suis plus.

Tu meurs et je reviens à la vie.

Je ne te laisserai plus me détruire.

C'est fini.

Je regrette que tu ne sois inquiété que maintenant à la fin de ta vie. Combien d'enfants as-tu violés ?

Le reste, ce que tu es, ce que tu auras à porter ne m'appartient pas.

Tant de malveillance, tant d'engeance, tant de haine, tant de rage ne peuvent me concerner.

C'est au-delà de l'humanité, et je le laisse à qui de droit. Tu en répondras.

Toulouse, le 18 octobre 2023

Je veux mourir

Je veux mourir. Je pourrais écrire ces mots comme une litanie, juste cette courte phrase que j'ai répétée cent fois à chaque hospitalisation.

Je veux mourir.

Cette nuit, je dormais sereine. Et puis tout à coup, le réveil, un cauchemar dont je me souviens plus au moins qui me tire, m'extirpe de cet état de bien-être dans lequel je flotte.

L'angoisse, forte déjà, s'amplifie encore et encore, comme une vague qui devient tsunami.

Je ne veux plus vivre cette angoisse, je veux mourir.

Il est 3 heures 30. Mes médicaments sont dans la salle de bain, trop loin.

Et cette putain d'angoisse qui monte.

J'ai la gorge serrée, je ne peux plus avaler. Je veux mourir plutôt que vivre ça.

Je n'arrive pas à me lever de mon lit, je suis figée là, sur place.

Comment peut-il y avoir prescription de ce crime qui m'a anéantie à vie ?

Je dresse la liste mentale des médicaments prescrits et qui m'attendent là-bas, dans ma salle de bain.

Atarax : pipi de chat.

Veratran : pour dormir 2 heures ?

Lexomil : pourquoi pas ? Mais le médecin généraliste m'a mis en garde contre les médicaments qui pourraient empêcher la souffrance de sortir, les souvenirs de revenir. « Il faut que ça sorte. »

Loxapac : mon médicament miracle, celui qui apaise ces pensées suicidaires qui me taraudent et m'agressent à mort. Je souffre, je veux mourir.

Je pense au rendez-vous avec le médecin légiste vendredi, je ne veux rien taire. Je veux qu'il me voie souffrante et non anesthésiée.

Et ces mots en boucle : je veux mourir.

Que cachent-ils ? Que veulent-ils me dire ? Que disent-ils de moi et de ce qui m'a été infligé ?

Je pense aux couteaux, je voudrais descendre dans mon bureau pour écrire, mais ce serait me rapprocher des couteaux.

J'ai tellement envie de mourir. Je vois l'image de ce couteau qui entaille mes veines. Serai-je capable de passer à l'acte ? Et surtout, serai-je capable de résister ?

Je veux écrire. Je veux poser ces mots « je veux mourir » sur le papier et laisser glisser la plume. Je veux guérir.

Je veux lever le voile, dévoiler les secrets. Je veux vivre.

J'ai si mal. Le ventre en feu, la gorge nouée, le larynx et l'œsophage fermés, j'ai du mal à avaler. Je ne peux plus respirer.

Je veux mourir.

Il est là, devant moi, je sens son sexe dans ma bouche, j'ai envie de vomir. S'il vous plaît, laissez-moi mourir. Je ne peux plus respirer.

Je suis petite, toute petite et je ne comprends pas. C'est un jeu, mais c'est pas un jeu.

Pourquoi mon papa m'empêche-t-il de respirer ?

Et puis ces coups dans le dos qui n'en sont pas et qui me font si mal au ventre… pourquoi ?

Je suis petite et je ne veux plus être là. Je voudrais qu'il m'écoute, qu'il le comprenne. Mais il bâillonne ma bouche de sa main et continue.

Mon sexe, mon anus se manifestent pendant que j'écris ces mots. J'ai mal, ça me gêne.

Et puis ça s'arrête, c'est fini. Un coup dans la bouche, un coup dans le bas de mon ventre.

Mon corps se crispe à l'instant de ces mots, ma plume s'est suspendue quelques instants.

Tout mon corps est tendu, contracté.

Il s'est passé quelque chose, il y a du liquide en moi. Visqueux, odorant, puant.

Il s'arrête. Il se retire de l'un ou de l'autre de mes orifices, de mes ouvertures, de mes failles.

C'est fini… jusqu'à la prochaine fois.

Je tombe à terre sur le sol froid de la cave. Je me recroqueville sur moi-même, sur le côté, je voudrais me faire encore plus petite.

Je suis sonnée. J'ai la tête dans du coton, étourdie. J'ai des haut-le-cœur, le bas de mon ventre et mon anus me font mal. Mais surtout, je suis vide, inerte, morte.

Je suis morte… jusqu'à la prochaine fois.

Entre deux, lorsque je reprends vie et que l'angoisse ressurgit la nuit, je voudrais mourir.

J'appelle ma mère pour qu'elle me prenne dans ses bras, mais elle ne vient pas.

Elle n'est jamais venue. Elle ne m'a jamais fait de câlins, ni de jour, ni de nuit. Savait-elle ? Était-elle complice silencieuse de ces supplices ?

Je n'ai jamais eu le droit de venir dans leur lit quand il était dedans.

Parfois le soir, un privilège : lire, puis m'endormir avec ma mère. Nous lisions un peu, puis elle me tournait le dos et se mettait en chien de fusil. Je me blottissais tant bien que mal contre le bas de son dos, ses fesses. Subside de câlin, subside de bras jusqu'à ses pets bruyants qui venaient souvent.

Quelle mère fait ça ?

Jamais de baisers, jamais de câlins.

Je me disais qu'elle n'avait peut-être pas appris de sa mère suicidée ?

Je lui ai trouvé tant d'excuses.

Elle savait qu'elle me faisait manger ma lapine. C'est elle qui l'avait cuisinée ! « Tu en reveux, ma chérie ? »

Ma poule, décapitée comme les autres.

Ma lapine, dépecée comme les autres.

Le couteau qui coupe les têtes, les poules décapitées qui courent en tous sens dans le jardin, le sang qui gicle de leurs cous.

Leurs cris avant le coup de guillotine qui résonnent dans ma tête, malgré mes petites mains plaquées sur mes oreilles pour ne rien entendre.

Le couteau qui entaille la peau du lapin suspendu, tête en bas, les doigts qui décollent la peau au niveau de l'entaille des pattes arrière, « y'a plus qu'à tirer et retirer la peau comme on enlève un manteau. »

C'est un jeu, mais c'est pas un jeu.

L'ai-je vue dépecer ma lapine sans réaliser que c'était elle, dans cet état de semi-conscience, cet état second qui me protège de l'horreur de ce que je vis ?

Mon père a tué. Ma mère a cuisiné, arrangé la sauce, donné un bon goût au plat que je suis obligée de manger.

Je suis là dans cet état second entre la mort et la vie, dans la mort encore.

Les souvenirs reviennent à moi, comme des lames de rasoir et pourtant cela me soulage. Scarification. S'entailler, voir le sang couler pour soulager la souffrance.

Le couteau est une arme menaçante : il décapite, il dépèce. Mon père s'en est servi pour me faire peur et me faire taire sans avoir besoin de me l'ordonner avec des mots.

Un ordre péremptoire n'aurait peut-être pas suffi. Un couteau, posé en hauteur sur ce grand coffrage en métal noir et visible en descendant l'escalier de la cave, a eu un meilleur effet.

Le silence imposé par la peur tacite, la menace implicite. Rendue muette par la terreur.

J'ai mal au ventre, j'ai des haut-le-cœur comme des hoquets persistants et une diarrhée chronique qui me rappellent que mon corps rejette.

Je suis morte, inerte au sol et il ne reste que ça de sensations de vie dans mon corps : vomir et chier.

Je l'agaçais ma mère avec tous mes maux et mes « maladresses », mes chutes.

« Pour une fille de pédiatre, tu as toujours un pet de travers… Tu n'aurais pas pu faire attention et regarder où tu mets les pieds ! » « Décidément, qu'est-ce que tu es maladroite ! » lorsque je glissais sur un ballon, me fracturant coccyx et sacrum en même temps qu'une entorse.

Elle avait raison et tort à la fois.

Je voyais la chute systématiquement avant l'accident et pourtant j'y allais.

Volonté de me faire mal, de me briser pour ne plus subir et appeler à l'aide dans un espoir sans cesse renouvelé, mais de plus en plus éteint par mes insuccès.

A quoi ça sert d'avoir un corps pour vivre ça ? À quoi ça sert un corps de petite fille ?

Mon corps au service de cet autre.

Mon père m'a fait quelques câlins, devant témoins, ça faisait bien. Il n'a fait que me violer.

Petite, je me faisais mal pour attirer l'attention de ma mère. Pédiatre, après tout, elle soignait les enfants, mes copines, pourquoi pas moi ?

« Tu as encore une angine », d'un ton excédé, jusqu'à ce qu'elle ne me regarde plus du tout. J'ai pris rendez-vous au cabinet comme une patiente lambda, anonyme, anodine, en vain. Elle a ri.

À partir de douze ans, après l'agression par mon frère, je me suis fait mal pour me punir.

Empêcher ce corps de grandir, ralentir l'apparition de ces formes qui attirent et le punir.

Le casser, le briser parce que je le déteste, je le tiens pour responsable. Tout ça, c'est à cause de lui.

Enfin « tout ça » … l'agression « de surface » de mon frère, parce que le reste, les supplices et les tortures, je les avais déjà oubliés.

Enfouis les viols, les fellations, les sodomies… impossible de vivre avec.

C'est la mort ou la vie et mon père ne m'en donne pas le choix : tu resteras en vie ma fille, droite dans tes bottes et avec le sourire en prime.

Remercie ton papa de sa bienveillance et du toit qu'il t'a mis sur la tête. Papa, s'il te plaît… Oublie le reste, ce n'était qu'un mauvais rêve.

Je ne veux pas prendre de médicaments. J'en ai pris tant, la liste est longue. Celle de ceux que je n'ai pas pris est plus courte.

Je veux écrire. Tout.

Toulouse, le 25 octobre 2023

À toi qui n'es plus rien déjà

La vérité va se savoir.

Des mots viennent à ma plume depuis longtemps déjà. De nombreux textes dont je n'avais pas compris l'origine du mal, ni l'essence divine, se sont écrits.

Ils sont partis chez des éditeurs, d'autres les liront.

Je te fais le cadeau des deux dernières pages d'un texte écrit mercredi 18 octobre 2023 : « Agressions »

C'en est fini de toi.

Menace-moi encore une fois, approche l'un de mes enfants et les plus cruels de ces textes, les plus parlants en fait, partiront d'ores et déjà dans la famille.

« C'est fini.

Il est venu me faire taire, il m'a entendue.

Il est venu m'intimider et me faire replonger dans mon enfance de petite fille martyre… « appelle-moi papa… » Il n'a entendu que mon silence.

Il est venu voir et menacer une enfant.

Il a vu une femme libre et courageuse en retour.

Je ne suis plus à sa merci.

…

Le reste, ce que tu es, ce que tu auras à porter ne m'appartient pas.

Tant de malveillance, tant d'engeance, tant de haine, tant de rage ne peuvent me concerner.

C'est au-delà de l'humanité, et je le laisse à qui de droit. Tu en répondras. »

Note au lecteur : je n'ai pas envoyé cette lettre à mon père. J'aurais dû. Il se serait peut-être suicidé alors et aurait cessé de nuire. Mes enfants seraient peut-être à cette heure à mes côtés.

C'est le scénario qu'il me plaît de croire. Mais ces gens-là ont la vie longue, ils sont tenaces. La haine et la rage les éloignent de la mort du corps. Si ma vie n'avait été faite que de conditionnel, je n'aurais pas tant souffert, c'est certain, mais je ne serais pas la femme résiliente et battante que je suis aujourd'hui.

Il côtoie la mort depuis toujours, tandis que je reste en vie.

Toulouse, le 25 octobre 2023

Il va falloir que je me fasse toute petite

Réveillé à 4 heures 30, je m'étais rendormie.

Puis à nouveau un réveil et ces mots qui me viennent : il va falloir que je me fasse toute petite.

Je viens de me faire agresser. Je viens de me faire violer. Il va falloir que je me fasse toute petite.

Je ressens mon corps qui se recroqueville. Je me replie sur moi-même. Je rentre dans mon ventre, je me réfugie au creux de mon être. Je voudrais devenir invisible. Invincible.

J'ai mal au ventre. J'ai le bas du ventre qui brûle et mon anus me gêne.

Je voudrais mourir, ne plus exister pour ne plus subir. Je me fais toute petite pour tout oublier de la souillure et de l'ignominie.

Je suis si petite déjà. Je dois être plus petite encore. Je dois me faire invisible.

Je me déteste déjà.

Ne pas faire de vagues, ne pas me faire remarquer, ne pas parler, ne plus éclater de rire. Vivre comme si de rien n'était, dans un film en noir et blanc, sans couleurs ni éclats.

Survivre, puisque je suis morte déjà.

Pour me taire, le plus prudent est d'oublier. Mon esprit efface les faits après chacune de ces agressions, pourtant ritualisées.

Seul mon corps se souvient. Seul mon corps parle et se manifeste.

Angines à répétition pour ne pas laisser sortir les mots, mais demander de l'aide.

Entorses à répétition pour ne plus être en capacité de descendre ce putain d'escalier qui me mène inexorablement sur le sol froid de la cave de notre maison familiale. Celle où « je suis née », celle qui m'a vue grandir, celle qui m'a vue subir.

Fractures du coccyx et du sacrum à répétition en dévalant les marches, dans des moments anodins de vie « Sophie, va chercher un pot de confiture, s'il te plaît. »

J'ai saisi la clé de la porte de la cave, la tourne dans la serrure. Je suis là, légèrement figée en haut de cet escalier qui me paraît abrupt et démesuré. Programmer la chute presque volontairement, à fleur de conscience.

Ma première intention n'est pas de me faire mal. Non. Ma première intention est de me rendre inutilisable, inviolable. L'empêcher de mettre son sexe dans mon anus, rendre impossible les va-et-vient mortels.

Ne plus subir l'innommable, l'indicible.

Alors je casse, je tords, je mutile mon petit corps déjà martyr.

Je ne suis plus, je n'existe plus.

Mon corps et mon esprit sont annihilés, rendus muets. Comment dire, comment crier, comment appeler sans émettre le moindre son ?

Je suis désolée, petite fille, pour ce que tu as subi. J'aurais voulu être là déjà, moi la femme libre et courageuse, pour te protéger et te prendre dans mes bras. Mais je n'existais pas encore.

Je suis là grâce à toi.

Je suis encore vivante grâce à ton courage.

Je suis en vie grâce à ta force de survie.

Tu m'as donné la force de me battre pour mes enfants, tu m'as donné envie de vivre.

Cette flamme qui est en moi, si petite a-t-elle été parfois, si vacillante a-t-elle été souvent, est de toi.

Je t'aime, petite fille martyre. J'admire ton courage et ta force. Je reconnais ta joie de vivre, étouffée par les bourreaux.

Je suis toi. Tu es en moi et je fais le serment intime de te protéger à jamais.

Tu es ma première enfant. Merci à toi.

Toulouse, le 27 octobre 2023

Il n'y a que l'Amour qui compte

Mon cœur est en ciment.

Lourd, plombé si alourdi qu'il tombe au creux de mon ventre.

Je voudrais ne pas écrire, j'ai peur de ces mots qui s'inscrivent sur le papier.

Peur d'écrire l'insupportable : le lien entre les viols subis enfant et l'amour consenti dans ma vie de femme.

J'ai l'impression ce matin d'être bannie de l'amour. J'ai mal au ventre et je sais que la guérison ne passera que par l'écriture de ces maux nauséabonds.

Je me sens si pleine et heureuse de recevoir un homme que j'aime en moi.

Lorsque je ne me sens plus objet, je retrouve le chemin du plaisir charnel. Mon corps, ma conscience, mon esprit et mon âme s'unissent alors et je savoure ce moment délicieux. Toutes mes cellules vibrent à l'unisson, concert de Bach, de Hummel.

Est-ce que si j'écris les mots, ils resteront gravés en moi à jamais ? Marqueurs en mon corps d'une blessure à vie.

Mon cœur est en ciment. Les mots approchent.

J'ai joui hier pourtant le mal de ventre montait imperceptiblement en même temps que le plaisir.

J'étais parasitée déjà.

Je ne parviens pas à écrire les maux de mon corps dans ce moment d'amour que je voudrais préserver pur, ne pas même l'effleurer, de peur de le salir. Etat de grâce que je ne veux pas souiller.

Et pourtant, l'immonde est là. Sournois, tapi derrière moi. Comme je le déteste de m'avoir fait ça, comme je le déteste de me poursuivre encore. Il a laissé ses doigts sales quelque part sur ma peau. Je ressens la présence de son sexe avilissant dans mon corps.

Va-t'en, barre-toi, laisse-moi tranquille, connard dégénéré.

Laisse-moi aimer et être aimée.

Son sperme est puant et gluant. J'ai mal au ventre, mal à la gorge.

Je ne veux rien de toi, sors de là.

Laisse-moi.

Tu continues, va-et-vient qui n'en finissent pas. Je te hais.

Mon sexe, plus précisément, mon clitoris bouge, s'agite. Que fais-tu salopard ? La voilà la souillure ultime.

Tu fais vibrer mon petit corps d'un plaisir incompréhensible en malaxant mon clitoris pendant que tu me violes. Tu es infâme. Mon corps réagit dans un mélange de plaisir et de douleur indescriptible. Je ne comprends rien.

Je veux mourir. Je veux que ça s'arrête. Mais tu continues.

Comment puis-je avoir si mal et percevoir ce filet de plaisir en même temps ?

Mon putain de corps, mon corps de putain réagit malgré mon inconscience d'enfant, mon esprit absent et mon âme laminée.

Je voudrais faire taire la douleur, la souffrance et ce petit plaisir aussi.

Ne plus ressentir, juste mourir, m'absenter de cet instant et des futurs que je connais déjà.

Parce qu'il y en aura d'autres, des moments comme ça, beaucoup d'autres.

Il va falloir que je me casse, que je me torde pour rendre la descente de cet escalier impossible.

Ce petit plaisir fait que je reste là malgré moi, présente à mon corps.

Ce petit plaisir l'excite parce qu'il me sent encore réagir. Il sait que je vais souffrir, que je souffre déjà. Et c'est précisément ce qu'il cherche, que je ressente le viol pour dominer, abîmer, briser de façon pérenne et définitive.

Elle est là, sa jouissance, me sentir présente et se convaincre peut-être que je prends un peu de plaisir au cœur de la douleur et de la peur.

Alors il masse pour me maintenir vivante, tandis qu'il me tue à coups de va-et-vient monstrueux.

Plus tard, à l'âge de la découverte de mon corps, je n'ai su faire que ça : masser mon clitoris, me frotter pour ressentir un fourmillement, une petite vie.

Rien d'autre, aucune exploration, aucune caresse. Me frotter uniquement.

Puis ce « rêve » récurrent de mon frère et de mon père côte-à-côte, qui me disent que mon plaisir ne sera que par leur assentiment.

Et ce godemichet, gros phallus en silicone, que j'ai un jour acheté. Je ne comprenais pas le prénom qui me venait à l'esprit lorsque je l'attrapais… celui de mon père.

Bien sûr, je chassais l'idée simultanément que mes yeux voyaient l'objet. N'empêche, elle revenait systématiquement. C'est donc ça que tu as laissé en moi, ton sexe égaré et froid et tes pensées malsaines ?

Elle est là, la blessure de l'âme, la destruction du Beau avant d'avoir pu le vivre. Tu as tout sali, tu as tout détruit ou presque.

Parce que là où mon âme a été blessée, là où tu as pensé m'avoir anéantie, je revis.

Mon corps était présent, mon esprit parti ailleurs, ma conscience perdue dans l'incompréhensible, mon âme souffrait.

Je n'étais pas consentante. C'est mon corps et mon âme que tu violais, et c'est ta jouissance.

Mais je ne suis pas morte, mon cœur ne s'est pas arrêté de battre. Je ne suis pas devenue folle, même si j'en ai eu l'impression, souvent noyée dans les dépressions mentales.

Mon âme m'accompagne toujours. Je n'ai pas fermé les yeux sur le Beau.

Elle est restée sensible à la beauté, à l'art, la nature.

Je n'ai pas rendu sourd mon corps aux caresses.

Je n'ai pas eu la joie de connaître l'amour par mes parents ou mes frères.

Je n'ai rencontré l'amour que dans les bras de Maria et dans les sourires d'Élodie. Ma nourrice et mon amie comme seuls remparts à l'ennemi. Mon âme est restée en vie.

Puis la naissance de Claire et mon amour immense pour ce petit être aux yeux grands ouverts dès sa venue au monde. Ma fille, souffle d'amour puissant sur mon âme vacillante.

Lutte à nouveau entre les ténèbres d'un époux malveillant, d'un père pour ma fille maltraitant et la lumière de l'Amour.

Survivre et habiter le néant pour protéger mon enfant.

Nathan est arrivé là, nouvelle perfusion d'Amour.

Depuis mes deux enfants, je vis. Je m'y efforce tant bien que mal.

Voir le Beau, encore et encore.

Ressentir l'amour et attiser la flamme de mon âme à l'aide de ce souffle vital. Rester en vie.

Revivre l'amour de Maria, l'amitié et m'aimer enfin grâce à la sophrologie.

Vivre cet amour au creux de mon corps, en pleine conscience, en présence de mon esprit et de toute la force de mon âme.

Tu n'as plus de place dans ma vie.

Je me réapproprie mon plaisir. Ne me touche plus. Je suis hors d'atteinte de tes doigts sales et rabougris.

La force de vie, la beauté de mon âme et la puissance de l'amour t'ont anéanti et renvoyé à ta noirceur abyssale.

Tu n'existes plus pour moi.

C'est fini. Je me lave de toi et me défais de toute trace d'emprise.

Je choisis l'Amour et la Vie.

Toulouse, le 1ᵉʳ novembre 2023

Éloge funèbre

Hier, c'était le jour de mon anniversaire.

C'est le jour que ma mère a choisi pour mourir.

Mes mots pourraient s'arrêter là, sur ce point à la fin de ces deux phrases. Que dire de plus ?

Tout à coup, je me sens lasse et fatiguée.

Hier, c'était mon anniversaire, j'ai choisi la vie à la mort.

Ça, j'y suis habituée depuis mon neuvième anniversaire. Aller sur les tombes et célébrer les morts plutôt que les vivants. J'ai, une fois encore, sorti ma panoplie « même pas mal, je vis. »

Mais aujourd'hui, je réalise, j'encaisse le coup, le dernier de ma mère.

Elle a fait du jour de ma naissance celui de sa mort. Chapeau bas, c'est fort.

Le jour de mon anniversaire est monté en grade. Du jour des morts – même si c'est pour tous le premier novembre, mes parents en ont fait le 31 octobre – il est passé au jour de sa mort.

Les bras m'en tombent, mais je savais au creux de moi qu'elle me ferait ce coup bas.

Au lendemain de ce jour festif et funeste à la fois, je me sens groggy, mise KO par son dernier tour sur le ring.

Et j'ai mal aussi. Les larmes montent à mes yeux, je revis toutes ses bassesses, toutes ses petites humiliations.

Je revis l'absence de mère ou vivre en présence d'un fantôme de mère.

Pas de câlins.

Pas de mots tendres et doux.

J'ai grandi dans un inconfort et une insécurité, absolus.

Maria a raison : ma mère était dure et froide.

Je lui ai trouvée toutes sortes d'excuses, dont :

- la première, sa mère suicidée lorsqu'elle avait vingt ans.
- la deuxième, un mari maltraitant et manipulateur.

Ces prétextes ne tenaient déjà plus qu'à un fil avant-hier, elle l'a coupé hier.

Ma mère était sadique et méchante avec moi, elle ne m'aimait pas, j'étais « sa garce. » L'absence d'amour et la maltraitance remontent aujourd'hui à ma conscience.

Au lendemain du décès d'un proche, il est naturel de se remémorer les jolis souvenirs, les anecdotes, les expressions du regard et les sourires.

Moi, il ne me vient rien.

Enfin rien de tout ça.

Je revois l'expression de son visage lorsqu'elle me proposait de me resservir du plat qu'elle avait cuisiné dans la matinée : « tu en reveux ma chérie ? » Debout, cuillère au-dessus du plat, le regard amusé et le sourire aux lèvres. Mais il n'y avait pas que ça. Je percevais autre chose, quelque chose que je ne saisissais pas du haut de mes huit ans.

« Non, merci maman. »

« Tu es sûre ma chérie ? » Et toujours cette expression du regard et ce sourire qui n'en était pas un. Et pour cause, elle me faisait bouffer mon lapin.

J'entends sa voix à travers la cloison qui sépare nos chambres et qui répond à mes appels de détresse « maman » … « Tais-toi, dors. » Son ton péremptoire et sans appel, sa voix ferme et froide.

Sa voix lassée alors que je l'appelais en pleine nuit, réveillée par une douleur lancinante et atroce dans mes seins naissants : « C'est rien, ça pousse. »

Et sa voix amusée, racontant l'anecdote à qui voulait bien l'entendre, tandis que je me ratatinais sur moi-même, honteuse. J'avais des abcès aux seins.

Elle, encore excédée, lorsque je me plaignais d'avoir mal à la gorge : « Tu as encore une angine… décidément pour une fille de médecin, tu es toujours malade ! »

Ses mots lorsque, pour la énième fois, j'étais tombée, me faisant une entorse ou une fracture du coccyx « Ma pauvre, tu fais décidément tout ce que tu veux de tes dix doigts. »

Ma maladresse l'énervait, je l'agaçais.

Que pensait-elle réellement lorsqu'elle me faisait avaler le vermifuge au goût de banane pour éliminer les vers qui me démangeaient l'anus ? Était-elle consciente que ce n'étaient pas des vers qui étaient la cause des sensations désagréables, picotements, démangeaisons, sensations de brûlure dont je me plaignais, mais des viols que je subissais de mon père ?

Quelle mère enfin célèbre l'anniversaire de sa fille sur la tombe de ses propres parents ?

Pourquoi célébrer la mort alors que j'étais en vie ?

Je suis lasse de toute cette maltraitance, je suis lasse de souffrir de ce que vous m'avez fait endurer. J'étais votre trait d'union, votre souffre-douleur.

Une rivale pour ma mère.

Un objet à sadiser pour mon père.

Vous avez dû être perdus sans moi ces dernières années, pauvres parents délaissés ?!

C'est moi qui ai le regard plein de mépris aujourd'hui. Du dégoût pour les parents que vous avez été pour une petite fille sans défenses.

De l'indifférence dans mon regard de femme conquérante de sa liberté. Une femme en vie, envers et contre vous. A vos corps et vos esprits malades défendants, l'Amour ne m'a pas quittée.

Il n'y a que l'Amour qui compte.

Je vous laisse votre laideur et votre noirceur.

Je choisis la beauté et la lumière.

Vous n'êtes plus de ma vie.

J'en aime d'autres qui le méritent.

Je m'aime, moi, aussi.

Adieu, parents pourris.

Toulouse, le 4 novembre 2023

Transformation

Ce matin, j'ai des ailes de papillon.

Je danse.

Je regarde mon corps nu bouger devant la glace et je me trouve belle.

Je vois les mouvements amples de mes bras, mes seins joliment galbés qui montent et qui descendent, complices. Mes jambes fuselées, mes formes arrondies … je vois mon corps pour la première fois.

Et je le trouve beau.

Tu m'as vu, souffrante, mourante, tu vas me voir en vie.

J'ai la sensation d'être un grand oiseau au plumage blanc qui a traversé un nuage de cendres.

J'étais noircie et je ne pouvais plus respirer au cœur de ce nuage sombre.

J'en sors enfin et je vole dans le ciel.

En volant les poussières restantes se détachent de mes ailes et je retrouve ma blancheur originelle.

Je suis en vie et heureuse de vivre.

La mort est derrière moi. Je n'ai plus peur, je n'ai plus d'angoisse.

Ce matin, je danse ma joie et mon envie de vivre. Ce corps que je vois dans le miroir est le mien. Il n'appartient qu'à moi.

Tu l'as touché enfant, tu l'as sali et tu penses l'avoir souillé pour la vie. Tu te trompes.

Je suis en vie et j'efface de mon corps, tes pensées et tes actes ignobles.

Je suis en belle vie, je suis belle de vie.

Toulouse, le 5 novembre 2023

Salaud

Je te sens, là, tapi derrière moi depuis le milieu de la nuit. Tu me colles. Je me réfugie en chien de fusil au bord du lit. Je voudrais me faire toute petite mais rien à faire, tu es là, dans mon dos et je ne peux me débarrasser de toi. L'angoisse monte, j'ai du mal à respirer. Envie d'aller aux toilettes et expulser. T'expulser.

Mais je ne peux pas, je ne parviens pas à bouger. Alors je te supporte derrière et en moi. Je te hais pour ce que tu m'as fait. Je te déteste pour ce que tu me fais encore.

Tous les jours et moments passés sans la présence de ton fantôme sont heureux. Je ris, je danse, je m'envole.

Mais c'est plus fort que toi, tu n'as jamais supporté ma joie, tu veux la détruire, m'anéantir.

Subrepticement, tu t'es glissé dans mes nuits d'amour.

Intrusion.

J'ai chassé mes pensées de toi plusieurs fois. Mais tu étais là, témoin et acteur de la scène. Ce que tu as laissé en moi me pollue et je sens monter la colère et la haine dans mon être.

Je ne te veux plus dans ma vie, tu saccages mon bonheur. Dès que tu t'insinues tel un serpent, le doute m'envahit.

Le scénario de ce que tu m'as fait vivre se rejoue : trahison, humiliation, abandon.

Tu es abscons.

Mais je te reconnais, je te vois maintenant. Je sens bien que ma joie s'éclipse en ta présence invisible, fantomatique.

Tu es là, mais tu n'es pas là.

Tout comme j'étais là, mais je n'étais pas là lorsque tu me violais dans la cave de notre maison familiale. Un lieu qui devait être sécure et que tu as perverti en un lieu de sévices et de tortures.

Je voudrais te rejeter en bloc, te pousser fort de mes deux mains, de mes deux bras, de tout mon corps, pour te chasser en dehors de chez moi, en dehors de ma vie.

Je pourrais le faire, je l'ai fait et je le referai de ta présence physique. Mais comment faire avec ton ectoplasme ?

Comment te chasser de mon esprit, de mes pensées ?

Les bloquer ne suffit pas. Tu reviens sans cesse jusque dans mes nuits où les cauchemars et les angoisses m'agressent encore.

Tu sais quoi ? Je vais te laisser t'éteindre, tout simplement.

J'observe ces pensées. J'accueille ces moments où tu es là où tu me violes – encore – pour ce qu'ils sont : les dernières traces de toi. Des preuves qui te désignent définitivement comme le coupable ignoble, le voleur de vie.

Je ne vais plus lutter, je vais écrire et accueillir. C'est bientôt la fin. Peu à peu, tu vas te diluer.

La force de mes mots te fera la peau.

Tu n'es déjà plus grand chose, tu vois ?

Vois-tu la force de l'amour, ma sève de vie ? Ouvre bien grand tes yeux et regarde.

C'est à mon tour de te torturer à présent.

Ma résilience, ma joie de vivre, mes sentiments d'amour vont te sauter à la gueule. Il me tarde d'être publiée. Il me tarde que tu lises.

Tu n'es plus rien déjà.

Je te laisse un brin de colère et de haine, elles sont légitimes après tout.

Mais elles ne seront pas le terreau de ma vie. Tu as échoué, il ne fallait pas t'en prendre à si petit et si grand à la fois. Tu es un fantôme muet qui se délite et se défait.

Bientôt, il ne restera plus que ton ombre, puis plus rien ou presque... la noirceur de ton âme.

Et lorsque tu n'auras plus que ça, pauvre fantôme rongé par ta propre rage de m'avoir perdue, de n'avoir pas su, pas pu me détruire jusqu'au bout, tu erreras nu ou presque... drapé d'un manteau noir, lourd et pesant de tous tes pauvres sentiments, à mille lieux de l'amour.

Je te plains plus que je te hais finalement. Je préfère être à ma place qu'à la tienne.

En moi, je sens une grandeur d'âme infinie, au-delà de tout, au-delà du terrestre.

Je n'ai pas envie d'imaginer ce que tu vivras lorsque tu mourras.

Je sais que ce ne sera pas beau.

Une vie terrestre n'est pas grand-chose.

Nos âmes nous survivront et crois-moi, je préfère la mienne à la tienne.

Désolée, papa, désolée pour toi.

Toulouse, le 7 novembre 2023

Le doute

J'aurais aimé pouvoir douter encore.

Me dire « mais non, tu exagères, ce n'est pas possible… »

Espérer en fait. Croire que je me trompe et que la méchanceté que j'attribue à ma mère est en fait la mienne.

La protéger de ce qu'elle est. Faire vivre encore un peu l'espoir qu'elle n'était pas si terrible que ça.

Douter et penser que je me suis trompée.

Comment accepter l'inimaginable ?

Comment accepter la cruauté et le sadisme d'une femme envers son enfant qu'elle est censée protéger, à défaut même d'aimer ?

Au fond de moi, je ne doutais pas.

Je savais déjà qu'elle me ferait ce coup bas, son ultime révérence.

Ultime geste d'une femme envers sa rivale, une femme jalouse de sa propre enfant.

J'ai aimé me laisser embarquer par le doute de cette amie attentive et respectueuse.

Petit sursis avant le grand saut.

Petit pas en arrière pour me blottir une dernière fois dans les bras d'une maman imaginaire.

Elle est peut-être décédée le 30 octobre ? Dans la nuit, certes, mais avant minuit ? Avant le 31 octobre ?

Ça ne changeait pas grand-chose au fait qu'elle a réussi à faire pleurer ma fille et rendre triste mon fils le jour de mon anniversaire.

« Ouais mais quand même, ce n'est pas pareil… »

Je me suis raccrochée à cette frêle branche.

J'ai espéré qu'elle n'avait pas fait exprès.

C'est chouette le doute, ça fait croire en l'humanité, ça permet d'éviter le pire, ça permet d'espérer.

Enfin, je le pensais sans y croire vraiment déjà.

Le doute permet de rester endormie. Mais les nuits sont peuplées de cauchemars.

Le doute englue dans une illusion aveuglante.

Le doute fait croire que l'on est fou alors que c'est l'autre en face qui l'est.

Le doute, c'est permettre à cet autre de vivre jusque dans nos souvenirs tronqués et truqués.

Le doute, c'est lui permettre de nous détruire, au-delà même de sa propre mort.

Le doute est dégueulasse parce qu'il condamne les générations suivantes. Avec le temps, plus personne n'y croit à cet ancêtre nauséabond et maltraitant.

Si le doute grandit, il n'y a plus d'espoir de survie, c'est la mort à petit feu assurée. Le cancer qui ronge et qui ne nous lâche plus.

J'ai demandé confirmation de mon intuition, j'ai voulu avoir des informations officielles et j'ai croisé les doigts.

Croiser les doigts dans toute l'ambivalence de cette situation, de ce que ma mère a fait de moi : une enfant maltraitée, mais qui espère encore.

J'ai espéré m'être trompée et garder un brin de « ma maman » en moi.

J'ai espéré ne pas m'être trompée pour ne pas avoir à me dire que c'est moi qui suis folle.

Ma mère est décédée le 31 octobre à 5 heures 20, un peu moins de trois heures avant celle de ma naissance.

Merci maman, je ne suis donc pas folle et tout ce que tu m'as fait vivre ne sort pas de mon imagination.

Tu signes tes actes et plus que m'accabler, tu me soulages. Je n'ai donc jamais eu qu'une maman imaginaire.

Toi, tu étais une Folcoche. Celle d'Hervé Bazin, dont je ne pouvais pas croire en la méchanceté.

Là où tu pensais m'assener le coup de grâce, tu me fais le cadeau de lever ce putain de doute qui m'empêchait d'avancer.

C'est aujourd'hui que tu meurs vraiment, à la réception de ce mail officiel.

C'est d'ailleurs aujourd'hui que tu es mise en terre.

Adieu maman.

Toulouse, le 9 novembre 2023

La vitrine était belle

La vitrine était si belle que le doute n'était pas permis.

Une mère pédiatre, un père premier maire-adjoint de Berthelioux, ville de 50 000 habitants, pas moins. Insistez sur « le premier » … c'est important.

Vital pour lui, en fait. Primordial d'être le premier, le seul, l'unique, celui qui est au milieu de la scène, pile poil sous les projecteurs.

« Je suis le premier maire adjoint de Berthelioux. » Il a tant voulu le rester qu'il a longtemps oublié d'en parler au passé. Dépression au fond du jardin quand il a été limogé.

Il n'a jamais été remercié et s'en étonnait. Il n'était pas en dépression. Il digérait sa frustration et sa rage à l'abri des regards.

Rage d'un sale gosse déchu.

Rage de ne plus avoir son jouet, sa stature qui lui permettait d'avoir de l'emprise sur les autres en toute impunité, en toute légitimité.

Alors, il a gardé les mots « premier maire-adjoint de Berthelioux » et a continué à les faire vivre, vaille que vaille, pour garder sa place en haut du podium.

Interview pathétique à la suite de son esclandre en gare de Berthelioux. Monsieur fait un caprice, s'énerve, tape du pied et un pauvre journaliste, larron de l'histoire, le remet en selle et lui redonne sa place … un peu de gloire.

R., le justicier au grand cœur, celui qui s'occupe des « cas sociaux », celui qui protège et défend les plus faibles et les plus mal lotis.

R., Zorro, même combat.

Oui bon, enfin dans les apparences seulement.

Je l'ai entendu railler et critiquer tant de fois les indigents, ceux « des Chardelièpes », quartier pauvre de la ville.

Il fallait voir leur sourire et regards entendus à ma mère et lui, une fois qu'ils avaient dit « ils habitent aux Chardelièpes », ils avaient tout dit. L'histoire était close, la cause entendue : ces gens étaient perdus et ne valaient pas la peine de s'y attarder.

Seul point d'attrait de ce quartier, un restaurant à son abord dans lequel nous allions manger de temps à autre.

Le retour en voiture à travers le quartier était leur faire-valoir.

Nous avions tant de chance de vivre ailleurs.

Nous avions tant de chance d'avoir des parents attentifs à ces « pôvres » gens, à ces gens pauvres.

Nous avions tant de chance d'avoir des parents comme eux. Sous-entendu, les parents pauvres… munis contre démunis, érudit contre « rudits », sécures contre insécures… l'argent.

Et puis mes parents, c'étaient des gens bien. Des gens tournés vers les autres, des gens pleins d'humour en société, des gens brillants sous toutes les facettes sociales.

Seuls quelques individus tenaient à distance mon père, et je voyais parfois des hommes faire un pas en arrière à son approche dans le couloir de la mairie.

La plupart n'y ont vu que du feu, poudre aux yeux.

Quant à ma mère, elle était double.

Froide et distante à la maison.

Encensée par les parents de mes camarades d'école à la récré. J'entendais souvent « tiens, j'ai vu ta mère hier. » J'étais jalouse de ces enfants qui avaient toute son attention.

Ma mère était respectée. Médecin généraliste, elle a obtenu le grade de pédiatre à l'arrache par le seul fait de ne recevoir que les enfants en travaillant auprès de ma marraine, première pédiatre de Berthelioux.

Je dois être honnête, elle avait un certain talent et une bonne intuition quant aux maladies de ses patients.

Pour le reste, érigée « spécialiste des enfants », elle prodiguait un conseil par-ci, un conseil par-là, apprenant aux gens à être de bons parents.

Quelle foutaise. Quelle hérésie lorsqu'on voit celle qu'elle était à la maison !

Tu parles d'une mère !

Pas de câlin, pas de tendresse.

Pas de sécurité.

Pas d'attention bienveillante. Pas d'attention tout court.

Du désintérêt, de l'agacement à chacune de mes manifestations physiques, à chaque appel à l'aide.

Des petits coups bas, mine de rien, des croche-pattes qui font perdre l'équilibre.

Des humiliations sous couvert d'humour.

De la maltraitance, tout court.

L'église était pleine à son enterrement.

Vous y avez cru. Pas facile de distinguer le vrai du faux. Même moi je m'y suis trompée, la pensant victime plus que bourreau.

À l'enterrement de mon père, l'église sera certainement pleine aussi. Sa lumière froide et blanche vous a aveuglés, vous vous êtes laissés berner par le premier maire-adjoint qui cherchait dans la liste de ses administrés celles qu'il allait dépouiller : les femmes seules, sans enfants et fortunées.

Tour de passe-passe, tour de magie, ni vu ni connu, je t'embrouille et l'affaire est dans le sac.

Mon père est un moins que rien. Un va-nu-pieds malsain et méchant qui est assoiffé d'argent.

L'argent, ça brille, c'est clinquant.

Ça permet de faire taire les autres.

Ça permet d'acheter le silence.

La devise de mon père : « on peut tout faire si on donne de l'argent » ou plutôt « tout est permis. Il suffit d'endormir en donnant de l'argent. »

Il ne s'agit pas de rétribuer un service. Ni même une prostituée à qui l'on achète le corps.

L'argent est la main qu'il plaquait contre ma bouche enfant.

L'argent est le bâillon qu'il maintenait sur mes lèvres, jeune femme et jusqu'à hier encore.

L'argent, c'est l'apparence qui tue l'évidence.

La vitrine était décidément bien belle.

Les personnages de la crèche factice étaient avenants, souriants, à l'air bienveillant.

Des jolies gens qui inspirent la confiance.

Les lumières tamisées n'ont pas permis d'y voir clair. Et les détails vous ont échappé.

La vitrine était d'autant plus rendue belle et rassurante que la cave de la boutique était glauque, froide et ce qui s'y passait sordide.

Ne vous fiez pas aux vitrines, elles ne révèlent pas la réalité de la vie.

Toulouse, le 12 novembre 2023

Hurler

Hurler d'un souffle long et régulier.

Hurler d'un cri puissant qui vient du bas du ventre et remonte en ne cessant de prendre de la force et de l'ampleur.

Laisser sortir le cri de l'enfant blessée.

Hurler ma douleur et mon désespoir d'enfant qui ne sait pas se battre, de petite fille battue.

Hurler une vie de combat que je ne voulais pas mener.

Hurler et laisser sortir la souffrance, les angoisses et les envies de mort.

Hurler comme une lionne blessée qui protège ses petits en danger.

Hurler pour que plus personne, jamais ne nous fasse de mal.

Hurler l'injustice de n'avoir finalement rien choisi de cette vie.

Hurler à la mort, d'un cri ininterrompu et sans fin, de mes enfants touchés.

Hurler pour libérer mon corps et chacune de mes cellules, de ceux qui les empoisonnent.

Hurler ma colère, là où je ne peux pas encore hurler ma haine.

Je voudrais hurler fort, si fort qu'enfin je serais libérée. Mais le cri ne sort pas, il est encore bloqué là, au fond de ma gorge, au fond de mon cœur, au fond de mon ventre, de mon sexe et de mon anus.

J'étais aphone hier encore. Aujourd'hui, je retrouve ma voix. Peu à peu, la parole me revient et les mots s'écrivent.

Je m'étonne de voir la couleur noire de mes mots, elle devrait être rouge sang.

Le noir n'est pas assez violent pour exprimer la blessure de mon corps et de mon âme.

Le noir, c'est la puissance de la profondeur.

Je suis ce taureau dans l'arène et le sang coule des blessures infligées par les toreros scintillants dans leurs habits de lumière.

Je n'avais rien demandé à personne et voilà que ces autres me forcent à ruer, à charger pour me défendre.

J'ai mal, ils me traversent le dos de leurs lances infâmes et mon sang jaillit. Je perds mon énergie, je perds la vie.

La colère monte et je rugis. Je veux rester en vie.

Mais vous continuez à me taillader, lacérer mon dos pour me faire vaciller et courber l'échine.

Combat à mort injuste et inéquitable, je n'ai rien fait et vous êtes plusieurs à vous acharner contre moi.

Le désespoir monte, je sens la mort qui rôde et qui approche inexorablement.

Je suis le taureau que les autres ont préparé dès son plus jeune âge pour l'arène. Prédestiné à subir. Voué à être assassiné dans le sang et le silence de ma bouche bâillonnée.

Je ne peux pas encore crier, ni hurler, mais il me reste suffisamment d'énergie pour écrire.

Mon encre est noire de la puissance de mes mots. Elle est indélébile. Je veux mes mots hors du temps, j'espère qu'ils se liront longtemps pour raconter l'histoire perpétuelle des enfants salis et bannis de la vie.

Peu à peu, les corridas n'ont plus cours, la mode s'éteint, et plus que les paillettes des toreros, c'est la douleur et la souffrance des taureaux qui se dit.

Un taureau ne pourra jamais se défendre dans l'arène, il y laissera sa vie. Avec honneur me direz-vous ? Sérieusement, vous souvenez-vous seulement du prénom d'un seul de ces animaux qui eut l'honneur de voir ses couilles en trophées ?

Arrêtez les conneries, cette violence n'a ni justifications, ni excuses, elle n'a que des prétextes et aucun être vivant ne mérite une telle mise à mort.

Pas même un enfant.

Toulouse, le 28 novembre 2023

Grenade

Je rêvais de Claire. Ses maux racontés il y a deux jours de sa bouche me revenaient en rêve. Il a tourné au cauchemar et je me suis réveillée en sursaut avec ce mot en tête « grenade. »

J'ai voulu me rendormir, essayant de me convaincre : « ne t'en fais pas les mots seront là demain matin. » Rien à faire. Impossible. Jusqu'à ce que mon corps se torde, mon ventre me brûle, et m'oblige à me lever.

Je me suis interrogée sur le contenu envisageable de ce texte. J'ai tenté de me réfréner, « il ne sera peut-être pas correct », pire encore « ces mots pourraient faire mal », précisément « ces mots pourraient blesser mon enfant. »

Je n'ai pas osé écrire « ma perle », au début de ce texte, mais je le sais au creux de moi, ces mots s'adressent à toi, Claire.

Tu me parles de ton corps, de ces maux, et le mien entre en résonance, entraîné par ce mot qui me vient à l'esprit « grenade. » Je ne sais pas où ma plume veut aller, mais je sais ces mots pour toi.

Grenade.

Le fruit se dessine dans ma tête. Je vois ses grains serrés les uns contre les autres, les fines membranes qui les séparent plus qu'elles ne les protègent.

Je nous vois, lorsque tu es petite et moi jeune maman, dépiauter le fruit et manger un à un les grains croustillants. C'était un jeu, notre jeu.

Grenade, un fruit au jus rouge sang.

Une bombe à retardement.

Des grains imbriqués les uns dans les autres, bien rangés, bien ordonnés pour plus de dégâts assurés.

Dans cette inconscience ordinaire de la nuit, dans ce rêve, j'essayais de te parler de ton corps parlant.

Symptômes inexplicables après symptômes improbables, rangés les uns contre les autres, j'essayais de te dire « n'entends-tu pas ton corps qui te parle ? »

Je te redisais le proverbe tibétain « écoute ton corps tant qu'il se susurre à l'oreille avant qu'il n'ait besoin d'hurler. »

Des médicaments forts pour la migraine jusqu'aux bêta-bloquants : pourquoi le museler et l'empêcher de parler ?

Je sais ta souffrance grande, insupportable et je comprends ton besoin de soulager.

Dimanche, ta chère cousine a évoqué une solution qui se voudrait miracle : des antidépresseurs.

Te rends-tu comptes qu'elle est la première à nier ses symptômes ?

Je me suis réveillée en sursaut car la bombe, ta bombe lovée au creux de ton corps, allait exploser.

Résonance avec ce mois de juillet où tu ne pouvais plus respirer.

Ton corps te parle ma Perle, et il en vient à crier.

C'est ta chance, saisis-la, n'aie pas peur d'affronter la vérité.

Je suis désolée, ma Perle, profondément désolée de t'avoir livrée entre des mains d'hommes immatures et malveillants.

J'aurais préféré que tu aies un autre père, mais tu ne serais pas là, alors je ne regrette pas.

J'aurais voulu que tu aies un autre grand-père… même combat… pour moi cette fois… nous ne serions pas là.

Je m'en veux de t'avoir confiée à lui tant de fois, les yeux fermés. Je n'avais pas la capacité à les ouvrir, il était mon père, je ne me souvenais pas. Il vient de passer au statut de géniteur il n'y a que deux mois, à peine.

J'aurais tant voulu t'offrir un père en la présence de Sébastien, un père de substitution, un père de cœur. Je suis désolée Claire, profondément désolée car je t'ai mise en danger en te faisant vivre toutes ces années à ses côtés.

Je ne connais pas encore son âge mental. Probablement une dizaine d'années. Je veux le croire, ça le rend moins dangereux que Lucas.

Mais la vérité est là : c'est un homme immature, comme tous ceux que j'ai rencontrés. Je ne connais pas encore son vrai visage, mais le tien me revient en mémoire lorsque tu craignais ses réactions.

Nous craignions tous les trois – ton frère, toi et moi - ses réparties, ses regards désapprobateurs, à force de changements d'humeur, entre ses attitudes chaudes et ses retraits froids. Il n'avait pas besoin de se mettre en colère, nous nous adaptions en permanence.

Je me suis acharnée à te le faire gober comme étant un bon père.

Jusqu'à notre séparation et son absence à tes côtés. Jusqu'à vous faire vous rapprocher une dernière fois l'un de l'autre. Jusqu'à ce que tu lâches l'affaire, de ton propre chef et à raison.

Je revois son attitude blessante à la même période, l'année dernière.

Je revois tout, je comprends tout, son attitude enfantine quels que soient les domaines, sa relation à sa mère… tous les ingrédients y étaient - y compris mes doutes au début de notre relation - mais je n'ai pas compris que le plat serait indigeste et que j'allais te forcer à y goûter.

Je suis profondément désolée, ma Perle, mais Nathan est là, alors je ne peux pas regretter.

Je ne peux rien changer de ce qui s'est passé. Ni de mes rencontres, ni de ce que ton frère et toi avez vécu.

Je ne peux rien changer, mais j'ai le pouvoir de comprendre, de me former pour reprendre les rênes en main. Il est de ma responsabilité de mère de voir la vérité bien en face, d'ouvrir les yeux pour protéger ton frère et l'aider à grandir.

Tu auras vingt-six ans dans quelques jours, tu es grande maintenant, mais je suis ta mère et le resterait, pour mon plus grand bonheur, jusqu'à mon dernier souffle… alors je ne peux pas me taire et je voudrais te donner quelques clés pour que tu comprennes à ton tour, ouvres les yeux pour sortir de ce fonctionnement délétère et qu'enfin tes maux s'apaisent et que tu vives libre.

Les faits sont là, ma Perle, tu as toujours vécu au contact de manipulateurs et j'en suis responsable car je n'ai su que nouer des relations de dépendance affective. J'y étais conditionnée.

Je me suis formée sur le sujet et la lumière a éclairé la pièce. D'un côté, une femme en l'occurrence, maltraitée petite et élevée par un manipulateur, de l'autre un homme immature. La vision par l'analyse transactionnelle, simple et implacable, m'a permis d'y voir clair.

Elle m'a légèrement apaisée aussi.

J'ai compris que je n'étais pas responsable d'être allée chercher la lumière précisément auprès d'hommes qui ne pouvaient pas me la donner.

J'ai compris que si je n'avais pas été agressée par mon père, alors oui, peut-être, cela aurait pu être différent.

Mais la vérité, la réalité sont celles-ci : lorsqu'un enfant est agressé sexuellement, lorsqu'il grandit, entouré de manipulateurs, la violence qu'il subit est banalisée, normalisée dans son esprit.

Il adopte le comportement adéquat en face de son parent agresseur. En grandissant, cet enfant reproduit ces attitudes et ne s'oriente que vers des personnes qu'il connaît ou dont le fonctionnement lui semble familier ... et l'histoire se répète... encore et encore... de générations en générations.

Triste histoire de la dépendance affective dont le seul moyen d'en sortir est de comprendre le mécanisme.

Mettre des mots et un schéma simple sur les maux. Puis en parler ensuite à qui l'on choisit. Laisser l'amnésie traumatique se lever au rythme de notre conscience et sortir de l'état de stress post-traumatique avec des méthodes corporelles, dont la PNL[10] (en particulier la technique de la double dissociation).

Voilà ma Perle, à mon corps et mon esprit défendants, je t'ai fait grandir dans une prison et ton corps en pète aujourd'hui.

---

[10] PNL : Programmation Neuro Linguistique – La technique de la double dissociation est efficace pour sortir de l'état de stress post traumatique (cf. Petitcollin C., Agressions sexuelles, trousse de secours, Christelle Petitcollin Editeur, 2024)

J'en suis profondément désolée. Je ressens de la peine, mais pas du désespoir car rien n'est immuable et je te donne à travers ce texte une clé pour ouvrir grand la porte de ta cage.

Ouvre les yeux, ma Perle, ne fais plus « comme si de rien n'était » en essayant de faire taire ton corps à coups de médicaments.

Il est ton meilleur allié.

Il est celui qui te susurre à l'oreille que quelque chose ne va pas dans ta vie.

Il est le premier à te pousser en quête d'informations pour comprendre.

Écoute-le ma Perle, écoute-le et fais toi confiance.

C'est ta chance, saisis-la !

Je t'aime ma Perle et j'ai confiance en toi. Je sais que tu saurais faire de tout ce que tu as vécu une de tes plus grandes forces.

« Personne ne prétend que la résilience est une recette de bonheur. C'est une stratégie de lutte contre le malheur qui permet d'arracher du plaisir à vivre… » Boris Cyrulnik.

Je rajouterais : la résilience est une grande force si l'on décide d'accompagner ceux qui sont encore dans la tourmente.

Tu seras une excellente professionnelle.

Je t'aime ma Perle.

Dans une abbaye, le 1ᵉʳ janvier 2024

Dans la peau d'un pédocriminel : préambule à l'horreur

Immonde et si facile à écrire... ai-je déjà écrit un texte avec autant d'aisance ?

Comment est-ce possible ?

Mon amie Clara me dit qu'ayant vécu tant de viols, je savais ce qu'il ressentait... c'est abject.

Sais-tu le pire ? Ce que je n'ose pas te dire ? J'irai jusqu'au bout, alors je vais même l'écrire, je devine que je ne suis pas responsable des réactions de mon corps : j'ai éprouvé de l'excitation jusqu'au passage de la petite culotte. Mon clitoris a réagi, après tant d'années et ces actes de torture répétés !

Je voudrais me haïr et me punir d'éprouver si facilement ce qu'il pouvait ressentir. Mais je pressens que la réaction de mon corps et la torsion de mon esprit sont « naturelles » et je devine la douleur, le mal-être, le doute et le sentiment de culpabilité des femmes et enfants violés qui n'osent en parler !

Cela dit, je m'interroge : combien de tarés se masturberont sur ce texte ? Je ne veux pas qu'il serve à ça.

Mais il est écrit et j'ai passé l'épreuve du feu. Je suis prête à me glisser dans la peau de tous les personnages de mon roman !

Dans une abbaye, le 1ᵉʳ janvier 2024

Empathie : dans la peau d'un pédocriminel

Empathie : « capacité à s'identifier à autrui, à éprouver ce qu'il éprouve » - CNRTL[11]

Waouh, l'année commence fort !

Après l'écriture sur le désir d'écrire, tu me demandes, toi, mon professeur de littérature, de me glisser dans les pensées d'un individu que je déteste, que je méprise.

Je voudrais en choisir un autre, mais c'est celui que j'exècre, qui s'impose déjà dans les miennes.

Je me glisse dans sa peau, nous voici corps-à-corps, je laisse mon âme et mon esprit d'enfant de six ans de côté.

Je deviens lui.

---

[11] CNRTL : Centre National de Ressources Textuelles et Lexicales

J'ai envie.

Je suis dans mon bureau au sommet de la maison et tout à coup, cette pensée qui me surprend, ces images qui surgissent. J'ai envie et le désir monte inexorablement en moi. Il n'y a que cela qui compte, ce désir, cette vague qui monte en moi et qui me fait me sentir vivant.

J'aime cette sensation de petite pétillance qui agite le bout de mon sexe et le fait se durcir. Déjà, je me sens homme, je me sens mâle, je me sens dominant.

Je suis puissant.

Je n'essaie même pas de chasser ce que d'autres pourraient qualifier de « mauvaises pensées. » Moi, elles m'émoustillent, elles m'excitent.

J'ai envie et je prends le temps de laisser monter cette envie. Prendre le temps, savourer, déguster l'interdit.

Je l'imagine, que fait-elle ? Où est-elle dans la maison ? Je l'entends là, juste en dessous de moi. Elle joue à la poupée dans sa chambre.

J'écoute sa voix enfantine, j'imagine la petite jupe dont elle était parée ce matin, remontée sur ses genoux tandis qu'assise en tailleur, elle joue à coiffer sa poupée placée au creux de ses cuisses.

Elle me fait envie.

Je résiste le plus longtemps possible, non pas par conviction d'un acte réprobateur à contenir, non, pour le plaisir d'imaginer la scène, pour le plaisir de la vivre en anticipation, la vivre deux fois plutôt qu'une.

J'ai envie et mon envie se précise.

Mon désir, d'autant plus fort qu'il est coupable et interdit, fait se tendre mon sexe, mon phallus, jusqu'à en avoir le tissu de mon pantalon tendu à son tour.

Ça y est, c'est bon. Oh oui, que c'est bon, mon désir est à son paroxysme, mon érection à son maximum. Il est temps de passer à l'action et de jouir bientôt.

Je cesse la correction de mes copies et replace le capuchon au bout de mon feutre rouge.

Prendre le temps de la mise en scène et valider que les feux soient au vert. J'entends par là que la maison soit vide, sauf d'elle.

J'aime le silence des absents habité de sa voix d'enfant.

Je l'aime elle. Pour ce qu'elle est à croquer, pour ce qu'elle est d'innocence et de fraîcheur encore, malgré les nombreux actes précédents déjà. C'était étonnant d'ailleurs de l'avoir encore vivante. Cette petite fille est surprenante et décidément résistante. Je m'y régale dans cette mise à mort à petit feu. Je me délecte d'elle, de ses odeurs et de ses sucs d'enfant.

Elle me régale, tout me réjouit en elle : ses regards apeurés, les réticences de son corps, sa petite voix qui supplie.

J'ai envie.

La maison est vide, le champ est libre.

La cave est prête, j'ai ouvert la porte et posé le couteau en haut du meuble en métal noir et froid. En descendant l'escalier, elle le verra et moi je saurai qu'elle l'a vu au raidissement de son corps, elle ralentira, ne voudra peut-être plus descendre, et je la pousserai « avance, descend. » Vivre tous les moments de chaque scène plusieurs fois pour en jouir encore et encore.

Tout est prêt.

Je monte la chercher. J'entrouvre la porte de sa chambre, je la regarde jouer de dos. Elle est jolie et la peau tendre de ses genoux m'attire déjà. Elle ne m'a pas entendu.

Je la regarde jouer, c'est bon de sentir la vie.

L'envie monte en moi.

« Viens, on va à la cave. »

Début de l'épisode un de plus d'une longue série, je n'en ai jamais assez. Entre chacun, je suis vide, je ne ressens rien, ni émotion, ni sentiment. Je me sens mort.

Grâce à elle, je suis vivant.

« Viens, on descend à la cave » d'une voix plus forte car elle n'a pas bougé - ou plutôt s'est simplement raidie - à ma première « invitation. » Je veux bien reconnaître que cela n'en est pas vraiment une. Je ne lui laisse pas le choix. C'est moi qui décide, c'est moi qui établis les règles. C'est mon jeu.

Je dois insister un peu, pas tant que ça. Elle se lève. Je hume sa peur et ça m'excite. Elle me regarde, m'implore. Moi, je ne fixe pas ses yeux, je regarde son petit corps, sa jupe évanescente, je devine sa culotte de coton. C'est plaisant.

Je la fais passer devant moi, elle me frôle, où est-ce moi ? Mon corps se tend encore. Début du presque corps-à-corps.

Il me tarde déjà, j'ai tellement envie.

Son allure ralentit au fil des marches qu'elle descend. Je reste derrière elle suffisamment présent pour qu'elle continue sa marche, juste assez distant pour maintenir le désir et faire grandir l'envie, si c'est possible !

Je ris intérieurement, bien sûr.

Tiens, ça y est, elle a vu le couteau.

C'est amusant, je pourrais anticiper toutes ses réactions, à force…

J'aime bien sentir la peur monter en elle, ça lui donne une odeur particulière, acidulée, une très légère odeur d'urine aussi, là, au creux de ses petites jambes.

Je sens son minou. C'est excitant.

Nous sommes arrivés à destination.

Elle est debout face à moi, je lui demande de se déshabiller pendant que j'enlève mes chaussures, mon pantalon. Autant être à l'aise.

Nous avons le temps, personne ne rentrera avant un moment. Le seul susceptible de nous surprendre serait Rodolphe, mais ce n'est pas un problème puisqu'il n'en serait pas surpris. Je souris encore.

C'est excitant aussi quand il est là et qu'il voit. Tant pis une prochaine fois.

J'en étais où ?

Ah oui, elle est là, en face de moi. Elle a gardé sa culotte. « Enlève-la. Ou plutôt non, pas tout de suite, tu vas voir, c'est un jeu, tu vas rire. »

Je l'attrape, la retourne contre moi et glisse ma main sur son entrejambe. J'aime bien le contact de la petite culotte de coton.

Je commence à masser, insiste un peu avec mon majeur. « Ah ça y est ! J'ai trouvé le bouton magique, tu vois, tu sens, c'est rigolo, non ? »

Elle doit s'attendre à la suite parce qu'elle ne rigole pas comme la toute première fois.

« Arrête papa. »

Je m'amuse « demande-le moi gentiment. » Sa voix se fait plus douce, plus suppliante « arrête papa, s'il te plaît. »

Tout à coup, elle m'énerve avec ses petits yeux larmoyants. Elle croit quoi ? Que je peux arrêter comme ça là où on en est, la p'tite pute ?! Elle avait qu'à pas me provoquer comme ça ! Elle l'a bien cherché après tout !

« Enlève ta culotte », pendant que je me débarrasse de mon slip. Que la fête commence !

Franchement, elle m'a bien chauffé la petite garce, je suis à bloc et elle va voir de quoi je suis capable.

Je fourre mes doigts dans son petit sexe chaud, ça change du sexe de sa mère et des femmes, c'est plus étroit, plus tendu, mais plus tendre et doux à la fois.

« Non pas ça, arrête papa. »

Elle peut bien me supplier, je n'entends plus rien. Au contraire, ses suppliques m'excitent.

Bon, passons aux choses sérieuses, mon sexe est si tendu qu'il commence à me déranger.

« Tourne-toi. » Je le fais pour elle, je regarde son corps, ses fesses, je me mets à genoux, son dos est contre moi. Elle veut se débattre.

« Pas si vite, tu ne m'échapperas pas comme ça. » Je lui attrape le bras droit et le tords en arrière. « Voilà, c'est mieux comme ça. Bouge pas. »

Reste plus qu'à humecter l'orifice des doigts de ma main gauche. Je salive d'avance. Pas difficile de récolter du fluide.

Elle pleure. « Pleure toujours ma belle, tu as bien mérité ça. »

Ça, c'est ma queue qui s'enfonce dans son anus. J'adore ça, c'est serré, ça résiste, c'est jouissif, mais pas encore.

Je veux profiter. Et à y être, je veux faire mal. Elle m'énerve tellement avec sa joie et ses petits éclats de rires.

« Tiens, prends ça, tu ris moins là, hein ! »

Des cris veulent s'échapper de son petit corps. Je la bâillonne et je sens ses lèvres humides dans la paume de ma main. J'adore ça. « Tais-toi. J'aime ça. »

Je la pénètre et franchement, j'aime ça. Son corps crispé, son anus serré, c'est la barrière infranchissable que je parviens à franchir. Qu'est-ce que ça m'excite ! J'ai envie de jouir, mais pas là. Encore quelques va-et-vient pour le plaisir. Et puis je dégage mon phallus de l'orifice jouissif.

Je fais le tour de son petit corps avachi, mais encore en vie et maintiens son bras droit sous tension, je me place face à elle.

Sa petite bouche et mon sexe énorme. Ça n'a rien à voir avec une bouche de femme grande, ouverte, volontaire, accueillante !

Il n'y a pas d'autorisation dans son visage d'enfant. Ses yeux n'implorent plus, ils savent. Pourtant, elle tente de fermer la bouche et tourner la tête.

Je tords son bras « voilà, c'est mieux comme ça. Ouvre la bouche.»

Voilà, j'y suis, là, c'est chaud et bien humide. « Ne bouge pas la tête, suce-moi. »

Elle n'est pas très volontaire, la garce, je tords le bras « c'est mieux comme ça. »

Je bouge légèrement mon bassin d'avant en arrière, histoire de donner un peu d'amplitude. « Suce, je te dis, applique-toi ! »

Je sens que la sève monte. J'entends mon râle. Je l'entendais aussi tout à l'heure quand je l'enculais, mais là, mon râle est plus doux, plus lent. Ça monte, elle le sent aussi et essaie de se dégager.

« Reste là et ouvre bien grand la bouche, ça vient. »

Ça y est, j'éjacule, qu'est-ce que c'est bon ! Je fais en sorte que le moment dure le plus longtemps possible. Une éjaculation longue, lente, puissante pour en remplir sa petite gorge, ça déborde « avale ! »

Quelle jouissance ! Mon corps se crispe dans un dernier sursaut, puis plus rien.

Plus aucune tension, je suis bien.

Je lâche la pression, elle s'affale à terre, mais je ne la regarde même plus. Elle ne m'intéresse plus.

J'avais envie, c'est tout.

Rien à dire, rien à ajouter. Je me rhabille et la laisse là.

C'est vraiment bon, il me tarde la prochaine fois.

Dans une abbaye, le 3 janvier 2024

Que ma joie demeure

J'ai ces mots ancrés en moi depuis le 1ᵉʳ janvier, à la façon d'une ritournelle : que ma joie demeure.

Je suis venue ici, confiante : tu guiderais mes pas.

J'ai emporté des livres en tous genres : des livres légers, des livres studieux dont je veux faire des synthèses, des livres sérieux … et même un livre qui raconte l'horreur.

J'ai pris l'ensemble de mes textes soigneusement retranscrits et numérotés dans le dossier « mes mots » de mon ordinateur.

Je suis arrivée le 31 décembre, exsangue, exténuée, pleine de larmes contenues que je n'avais osé pleurer.

J'ai déposé, rangé mes affaires et j'ai pleuré. J'étais entendue, j'étais écoutée et le barrage savamment construit pour rester solide et protéger mon enfant a cédé.

Je n'ai pas eu besoin de pleurer longtemps. J'ai pleuré intensément.

Le rire et la joie sont revenus déjà dans cette soirée que j'avais décidée de passer seule avec toi : un humoriste s'est invité sur l'écran de mon ordinateur.

J'ai retrouvé mon insouciance et l'espace de cet instant, oublié le sordide de ces autres : leurs rires amers et sardoniques, leurs sourires narquois, leurs regards froids.

Merci Ahmed Sylla, Pierre Arditi, Évelyne Bouix. Merci toi, Marie.

Le 1er janvier, à 7 heures 30, j'ai attrapé mon ordinateur, avide d'apprendre à écrire un livre et enthousiaste à l'idée de suivre l'enseignement d'Éric-Emmanuel Schmitt.

Marie, pourquoi m'as-tu fait vivre ça ?

Écrire un texte sur mon désir d'écriture puis dans la même journée un autre sur l'horreur ultime.

J'ai ressenti la puissance de ma joie enfantine, sans limite, sans obstacle. Une joie authentique, profonde, pure. C'était jubilatoire.

Mon corps était en frétillance – ne cherchez pas, ce mot n'existe qu'en moi – et mon esprit aussi léger que deux oiseaux qui virevoltent.

Ma joie me porte et me transporte. J'avais oublié qu'elle était là, en moi.

Et puis quelques heures plus tard, l'écriture du texte le plus sombre, le plus obscur, le plus immonde que je n'ai jamais écrit. Je suis entrée dans la profondeur des ténèbres, tout au fond, dans les pensées et dans le corps de mon violeur.

Celui qui viole les enfants, non par unique compulsion - est-ce possible ? - mais par envie de salir et de détruire ce qu'il ne peut supporter parce qu'il en est dépourvu : la joie. Inutile d'y mettre une majuscule, il n'en a même pas une minuscule.

Comment saccager la Joie chez ces petits êtres qui en débordent ?

Mon violeur est jaloux.

Mon violeur est jaloux de moi et veut anéantir ce qui est le plus vivant en moi, ce qui me constitue et fait partie de mon essence même : ma Joie.

Ma joie de rire, ma joie de jouer, ma joie de lire, ma joie de sautiller, ma joie de laisser mon imagination galoper, ma joie de la suivre, ma joie de partager avec mes amies, ma joie de découvrir, ma joie d'être surprise, ma joie d'apprendre, ma joie de chantonner, ma joie de sentir la forêt, ma joie de toucher la terre, ma joie de sentir l'herbe sous la plante de mes pieds, ma joie de nager, ma joie de passer des heures devant le bouchon de ma canne à pêche, ma joie de courir avec ma chienne, ma joie de me blottir entre ses pattes, ma joie d'aller sur des manèges avec mes cousines, ma joie de faire des crèmes mic-mac avec Maria, ma joie d'espérer - que mon bouchon s'enfonce enfin sous la surface de l'eau et tant d'autres choses encore - , ma joie d'écouter les oiseaux, ma joie de regarder des heures durant, allongée à plat ventre dans l'herbe, un grillon froisser ses ailes pour attirer une femelle, ma joie de croire - sans y croire, ma joie d'écouter et de faire croire que j'y crois - aux histoires de soucoupes volantes racontées par mes cousines - les mêmes - ma joie d'être certaine qu'un jour je serai éthologue et que j'irai, comme Diane Fossey, étudier les gorilles, ma joie de cueillir des noisettes, ma joie de me sentir libre sur le petit voilier qui devient le mien le temps d'un matin venteux, ma joie de sentir l'air sur mon visage et dans mes cheveux, ma joie de me vivre libre, ma joie d'écrire, pour rire …

Ma joie de vivre et d'aimer la vie. Ma joie de me sentir vivante. Ma joie de vivre mes émotions, la joie surtout.

Ça fait beaucoup tout ça.

Beaucoup de joie à laminer, détruire, anéantir.

Il va falloir y aller fort.

J'ai quelque chose d'autre que tu n'as pas. Par empathie et à force de tes violences, je peux vivre et ressentir toute ton ignominie, mais tu ne ressentiras jamais ma Joie.

Tu n'as pas gagné, elle est plus forte que toi.

PARTIE IV

VÉRITÉ ULTIME ET GUÉRISON ?

Dans une abbaye, le 14 février 2024

Tu choisiras mon fils.

La vérité ou le mensonge.

La vie ou la mort.

L'Amour ou la haine.

Ma plume hésite, je n'ai pas les mots.

La souffrance est trop grande, indicible.

Je ne sais plus quoi faire, plus je me bats et plus je vois l'ampleur du combat à mener.

J'ai peur de ne pas survivre à tant de cruauté et d'ignominie.

Les coups pleuvent et j'ai beau me préparer, essayer d'anticiper, je ne parviens jamais à les imaginer tant ils sont perfides et sournois. Les coups sont à l'image de ceux qui les donnent.

Je ne suis pas sûre que mon âme connaisse le repos dans cette vie terrestre. Suis-je venue pour ça ?

À quoi ça rime, tout ça ?

Mon fils reviendra-t-il vers moi ?

Cette nuit, je n'ai plus la force, je suis épuisée. Le constat est là, ils ont réussi à m'isoler, je ne me suis pas méfiée.

Liberté intérieure - Boris Cyrulnik :

« Le choix est clair, mais il est douloureux, ceux qui s'engagent sur le chemin de la liberté intérieure perdront leurs amis. Ils seront haïs par ceux qu'ils aiment, comme l'a été Hannah Arendt. Penser par soi-même, c'est s'isoler : l'angoisse est le prix de la liberté… »

J'en suis donc là : me soumettre et peut-être garder ma fille qui porte dans mon cœur le prénom de cette philosophe. Me rebeller, la perdre, mais peut-être sauver mon fils… dans quelques années.

Faire ce qu'ils attendent de moi, me taire et accepter l'argent. Retrouver par là même un semblant de vie sociale.

Dauphin parmi les requins, dans le seul espoir de nager aux côtés de mon fils innocent, livré en pâture à ces détraqueurs d'âmes.

Me rebeller, écrire, dire, témoigner, attiser leur haine et leur courroux, prendre des risques, mais vivre libre.

Quoi que je fasse, je pressens qu'ils feront tout pour l'éloigner de moi, tout en le tenant suffisamment près pour que la souffrance soit bien vive. Un couteau dans la plaie pour m'empêcher de bouger et me faire me tenir à carreau.

Ces textes, pourrais-je seulement les publier sans être accusée de diffamation ?

Mais si je ne peux pas même écrire, ni être lue, où sera ma liberté ?

Je veux dire, je veux témoigner, je dois trouver la solution.

Je suis déjà morte trop de fois d'avoir eu mes mots tués, emmurés dans des forteresses savamment bâties par mes agresseurs.

Je les emmerde, je veux vivre libre.

Mon fils reviendra vers moi… ou pas…

Mon cœur se déchire en écrivant ces mots, mais je préfère me préparer à cette déchirure plutôt que de la subir en ayant espéré. Je t'aime tant.

Je garde espoir que ces mots que je laisserais derrière moi feront un jour écho en toi.

Je garde espoir que ce regard que tu as eu si jeune, et par ta propre expérience hélas, sur les manipulateurs n'est pas totalement perdu.

Je garde espoir qu'un jour, tu auras la force et les ressources de regarder la vérité en face.

Elle n'est pas belle, mon cœur, je te l'accorde, elle est douloureuse, immonde, elle peut paraître indicible mais elle est salvatrice et en laissant sortir son cri, tu pourras vivre.

Je voudrais tant t'éviter la souffrance. Je ne suis pas maître du tracé de ta vie, je ne peux qu'être là plus ou moins loin, comme tu le voudras, pour te tenir la main, te donner confiance, te « dire vas-y, avance un pas après l'autre, à ton rythme, la vie vaut malgré tout d'être vécue. Accroche-toi, ne lâche pas. »

J'ai une confiance infinie en toi, mais les coups qui te sont infligés sont d'une telle violence que mon cœur de mère ne peut que saigner.

Je garde foi en Marie et en Dieu, cette force infinie d'Amour.

Je ne connais pas ton chemin, mais je sais que tu es un être de lumière.

Tu as au fond de toi la sagesse d'un vieil homme. Tes mots sont justes et posés à propos. Ton intuition est grande et je ne peux penser qu'ils parviendront à maintenir bien longtemps des œillères sur tes yeux. Les fous !

Après avoir essayé de me faire taire, il pense t'avoir rendu aveugle !

Je suis espoir et crainte à la fois.

Je crois en toi, en ta force, ta capacité de résilience, ta joie.

Je crains l'abrutissement par la société. Tes yeux qui sautent d'une image à une autre sur l'écran, tout est fait pour t'empêcher de penser.

La société de consommation aide les détraqueurs à asseoir leurs pouvoirs. Au pluriel, parce que d'infiniment petits à immensément grands, ils sont multiples, et cette multitude leur donne cette puissance assourdissante.

Elle est la société des acheteurs dont l'argent est la seule valeur. Avec l'argent, le pouvoir de dominer, d'écraser, de museler.

Mon père m'a achetée toute ma vie. Aujourd'hui encore, il me propose de l'argent en échange de mon silence.

Plus il essaye et plus je ris.

Chacune de ses nouvelles tentatives me renforce dans la certitude que j'y vois clair dans son jeu.

Chacun de mes refus amplifie sa haine et sa rage.

Le cercle est vicieux. C'est son vice et il ne rompra pas la ligne courbée à l'infini.

Mon père tourne en boucle sur son vice. Il peut m'attaquer en diffamation, il sera bientôt mort. Il n'en finit pas de vivre car la haine et la fureur le maintiennent en vie. Les mauvaises herbes ont la vie dure.

Manque de chance pour lui, les roseaux aussi. Je peux plier sous l'effet de ses vents puants et violents, je ne casse pas. Et ça le rend fou, le pauvre.

Tant d'années à vivre dans la haine, la jalousie, la rancœur, la rancune, l'amertume, la rage… N'être nourri que de noirceur et de vilenie.

C'est pas chouette quand même !

Excuse-moi, papa, je ris un peu de toi.

Ne m'en veux pas, je sais que tu ne comprends pas cette espièglerie, trace de ma joie enfantine, preuve de ma joie de femme digne et libre.

Toi, la joie, tu ne connais pas et tu ne connaîtras jamais.

Bonne mort, papa. Tu étais mort de ton vivant.

Dans une abbaye, le 16 février 2024

Un songe

Depuis trois nuits, mon cœur est douloureux. La souffrance est si grande qu'il me réveille en sursaut, déchiré, lacéré. Je n'ai jamais eu aussi mal.

En venant ici, dans ce lieu béni, je n'ai pris aucun médicament pour dormir. Je sais par l'expérience de ce premier long séjour passé ici, il y a un an quasiment jour pour jour, que tous les moments vécus en cette abbaye sont importants.

Du premier instant où, en m'installant, je sors de mon sac le livre précisément qui m'apporte la réponse attendue – *Oser dire non* – de Christel Petitcollin - au dernier jour où je trouve enfin la force d'écrire des attestations lapidaires contre mes bourreaux, qui ne sont d'ailleurs pas que les miens.

Et, entre chaque journée du séjour, des nuits peuplées de cauchemars et de rêves qui m'indiquent où j'en suis.

J'ai peu dormi depuis mon arrivée ici, acharnée à élaborer le dossier qui, je l'espère, protégera mon fils.

J'ai fait beaucoup de cauchemars. Je me suis débattue et tous les matins, au milieu de la nuit aussi, je me tenais debout. Face à mon ordinateur, je forçais ma mémoire à revivre le passé pour y trouver des preuves. Mes yeux se sont écarquillés : tout me semble si évident à présent !

Mon histoire est incroyable, mais elle est limpide.

Je me sentais raide, tenue droite, dans une armure de guerrière. Impossible de me laisser aller à mes émotions, j'avais trop à faire et c'était urgent.

Qu'il y-a-t-il de plus urgent que de protéger son enfant ?

J'avais envie de pleurer, mais mes larmes étaient bloquées, empêchées de couler par mon armure de métal.

Jusqu'au mercredi 14 février, jour anniversaire de ma mère, jour des gens qui s'aiment, jour des cendres pour les catholiques, jour des pleurs pour moi.

Le barrage a cédé et le torrent a coulé. Je pleurais à gros sanglots, je me libérais de toute cette peine immense et aussi profonde qu'un puits insondable.

Vivre la trahison de ma fille. Vivre ses mensonges et ses faux-semblants de cette année passée, à se taire et ne rien dire plutôt qu'exprimer ses pensées, ses doutes et discuter. Vivre la trahison de son propre frère, de dix ans son cadet. Vivre le couteau qu'elle me plante dans le dos, moi qui ai passé ma vie à la protéger et à la choyer.

Pour de l'argent et une image sociale lisse, sans saveur et conforme à ce que préfère la société ?

Choisir de traiter sa mère de folle plutôt que choisir d'être une femme au passé douloureux, mais qui a su le traverser.

Se rallier au camp des bourreaux plutôt qu'à celui des justes… mais est-elle vraiment consciente de ses choix ?

Mais revenons-en à mon cœur. Cette nuit, j'ai cru qu'il allait réellement se scinder en deux. J'ai le cœur brisé entre mes deux enfants et j'ai fait le choix d'accuser l'aînée et de la montrer du doigt pour sauver le cadet. Je n'ai pas d'autre alternative en réalité, il en va de ma responsabilité de mère. « Le choix de Sophie »… le titre de ce livre déchirant m'est toujours resté en tête.

J'avais si mal cette nuit que j'ai voulu aller me réfugier dans la chapelle, aux pieds de Marie.

Je suis partie, siège de prière, oreiller et couverture sous le bras, hagarde et douloureuse vers l'église. La porte était fermée.

Je suis revenue dans ma chambre et devant la petite statue d'albâtre que je me suis offerte à mon arrivée, j'ai prié, demandant à Marie de soulager ma souffrance, demandant à Dieu ce qu'il pouvait bien attendre de moi. À quoi rimaient toutes ces épreuves toujours plus inimaginables les unes que les autres ? Autant de pieux qui me traversent le cœur. Ça fait beaucoup pour une seule femme. Je suis petite moi, qu'attend-il de moi ?

Ivre de fatigue, je me suis recouchée en me lovant dans les bras de Marie. « S'il te plaît, Marie accorde moi de dormir, je suis si fatiguée. » Je pleurais.

Mon souhait a été accordé et bien plus encore, j'ai fait un rêve. Je vous le raconte au présent car il est encore bien vivant.

Je suis en voiture, la route est longue et monotone sur cette ligne droite qui m'amène de Toulouse à Berthelioux. J'arrive enfin chez mon frère Laurent et son épouse Éléonore pour un déjeuner de famille auquel j'ai été conviée. Un piège, certainement.

Leurs enfants sont présents, mes parents aussi.

La présence de mon père me dérange. Son regard, sa posture supérieure me gênent. Je voudrais ne pas le voir, mais je ne peux l'éviter car il vient vers moi. Je n'ai pas le contenu précis de la scène, mais je sais qu'il y est question de pression, de mots soufflés avec une rage contenue, d'ordres indiqués à mots couverts ... d'emprise et de domination.

Je quitte brusquement la chambre où a lieu ce délit, en colère mais rendue silencieuse, représentation sociale oblige. J'ai décidé de fuir, de quitter cette maison et de rentrer dans la mienne, la saine.

J'attrape mes affaires dans la précipitation mais, sac sous le bras, je suis arrêtée par mon frère Laurent qui, appuyé sur un pilier de son salon, me regarde et attire ma pitié.

Il me parle doucement, m'explique calmement, trouve des prétextes à ce comportement paternel, me parle de ma mère, de ses enfants qui seraient déçus de me voir repartir. Je cède, je jette presque mon sac à terre et me dirige vers la table du déjeuner.

Les convives sont déjà assis, adultes d'un côté, enfants de l'autre. Ils ont commencé à manger, mon frère me tend un plat de pâtes dans lequel émergent quelques vieilles carottes coupées en morceaux.

Je décline. Mon frère, sur un ton sardonique, « ah, tu ne manges pas de gluten ? » J'entends le « en plus » inaudible qui suit. Je me lève. Décidément, c'est trop. Cette fois-ci, je pars.

J'attrape à nouveau mon sac dans le couloir et une dame âgée sort d'une pièce juste à côté de moi. Elle est charmante, pas très grande, de corpulence classique, elle porte un pantalon et a une allure dynamique même si ralentie par son grand âge. Ses yeux sont clairs et pétillants, son regard avenant et rassurant.

Elle m'invite à passer l'après-midi avec elle, « puisque vous êtes là. » Elle est du monde de la littérature, peut-être même celui de l'édition, et elle veut me montrer des pièces de la bibliothèque municipale tenues cachées au public.

« Il faut en profiter, j'ai avec moi une jeune fille et sous prétexte de lui faire visiter, j'ai récupéré la clé. » Une adolescente de quinze ans se tient discrètement derrière elle.

Je suis tentée par la proposition mais retenue par un sentiment de culpabilité : ma mère se tient derrière moi et veut passer l'après-midi à la bibliothèque - côté public - avec moi. Je n'ose pas refuser, et surtout, j'espère un moment de partage avec ma maman.

J'hésite puis comprends tout à coup que je n'aurais jamais l'affection sincère de ma mère. Son attitude, ses yeux qui implorent, son dos voûté, ne sont que des leurres pour m'attirer dans ses filets.

Je me tourne vers la jolie dame âgée et lui fais comprendre que je suis prête à la suivre. Elle se dirige vers la sortie, guillerette « viens, il faut en profiter, Laura est là, en me désignant la jeune fille à côté d'elle. Et à toi, je vais t'apprendre un métier. »

Je me suis réveillée juste à temps pour assister aux laudes.

Pendant la messe, à genoux, recueillie devant Marie, une pensée m'est venue à l'esprit : mon recueil comportera une troisième partie, elle s'appellera « guérison. »

C'est le mot qu'a utilisé le prêtre par la suite, à la fin de l'eucharistie.

Dans une abbaye, le 23 février 2024

L'inénarrable

Je suis d'une famille de pédocriminels.

Le viol des enfants chez nous, ça se transmet de génération en génération.

C'est une éducation.

C'est ça ce que je veux raconter.

L'inénarrable.

Le père qui éduque son fils à voir sa petite sœur comme un objet sexuel. Dès son jeune âge à lui, au tout début de son adolescence. C'est le bon âge pour démarrer l'éducation sexuelle.

Le frère et la sœur ont huit ans d'écart. Vous imaginez son âge à elle.

Mais elle, elle ne compte pas, elle est l'objet.

Celle que l'on prive de parole, celle qui sert à jouir, celle que l'on viole.

Et c'est bien comme ça, elle sert à ça. Le frère apprend à violer.

Ou plutôt, le frère est tout d'abord appelé à regarder, assis là, dans la cave, au coin de l'armoire en formica : il regarde son père violer sa sœur. Son père l'y a invité, l'a-t-il forcé ? Certainement, il est un tyran.

Le frère regarde donc et apprend comment on fait.

Un peu plus tard, les séances de visionnage passées, le père l'invite à participer.

Ils s'y prennent à deux, ensemble.

Le frère est derrière, le père est devant. Au milieu, entre les deux : l'objet.

Le père apprend au fils à pénétrer, à fourrer son pénis juvénile en érection dans l'anus de sa petite sœur. Faire les allers-retours, mouiller un peu, humecter de salive s'il le faut. Ça doit rester agréable, pour lui, c'est entendu.

Le frère maintient la tête de sa sœur à l'horizontale en lui tirant les cheveux en arrière. Il ne s'agirait pas qu'elle s'affale. S'agit qu'elle reste là bien présente, en bonne position, à la bonne hauteur pour recevoir le sexe de son père dans la bouche. Chacun son plaisir, il y en a pour deux.

Puis le père retire son phallus. On pourrait penser qu'il va s'arrêter là.

Mais non, il veut aider son fils, l'aider à jouir.

Alors il se place derrière lui et, après avoir humecté la zone, enfonce son doigt dans l'anus du garçon à peine pubère.

C'est bon, ça l'excite. Ça excite les deux, en fait. Le père et le fils. La jouissance arrive. Son fils s'agite, s'accroche à deux mains au petit corps de sa sœur. Ça y est, ça vient, il jouit.

Mission accomplie.

Plus tard, après de nombreuses séances éducatives et tandis que la petite fille aura un peu grandi, le père considérera l'éducation aboutie.

D'ailleurs, la petite fille ne l'intéresse plus, elle est trop grande maintenant. Il la laisse à son fils.

Que s'est-il passé dans la tête du grand frère ? Une distorsion de l'esprit pour rendre la réalité acceptable ? Faire que les viols ne soient et n'aient été finalement que des gestes d'amour ?

Le fils va développer une véritable passion pour sa jeune sœur. Il l'aime, vous comprenez ?

Il voudrait s'en empêcher, mais que voulez-vous, c'est plus fort que lui, il ne peut pas.

Alors tous les soirs, toutes les nuits ou presque, il se glisse dans le lit de sa sœur. Il se colle derrière elle, il la prend dans ses bras, il la serre, il l'aime tant.

Elle a quoi, huit - neuf ans ? Peut-être… à peine. Lui, une quinzaine. Allez, seize… peut-être.

Il est nu, c'est normal, il dort nu, enfin quand il la rejoint dans son lit.

Elle porte des chemises de nuit, souvent bleues, c'est sa couleur préférée. Elle ne porte jamais de culotte. Sa mère lui interdit : « il faut que ça s'aère la nuit. »

Alors c'est facile, il suffit de soulever le tissu de la robe.

Lui, il l'aime tellement que son corps est tout tendu. Il la serre de plus en plus fort. La plaque contre lui, la presse. Il la caresse, lui dit qu'elle est belle, qu'elle a un beau corps, qu'il l'aime, elle tout entière.

Elle est contente que son frère l'aime. Il est son grand frère, son protecteur, celui qui la protège. Elle l'aime aussi, mais pas tout à fait de la même façon.

Toujours derrière elle, son bras gauche passe au-dessus du petit corps, caresse toujours et encore. La main arrive sur le clitoris. Il caresse un peu plus fort, il masse, il malaxe.

La petite fille ne trouve pas ça désagréable. Elle sent bien qu'il en veut plus, il veut aller plus loin. Elle sait ce qui va se passer, mais elle ne s'oppose pas.

Elle sait qu'il l'aime parce qu'il le lui dit.

Il la prépare et l'incline vers l'avant, positionne ses fesses. Il va lui faire l'amour, c'est différent d'avant. Il la pénètre en enfonçant son sexe dans son vagin.

Il trouve ça si bon, il l'aime tant. Elle ne trouve pas ça trop désagréable, ça va. Il fait les allers-retours, les « hans de bûcheron », comme elle lira plus tard dans la littérature.

D'une main dans le dos, il l'invite à incliner son buste un peu plus en avant pour qu'il soit bien dans l'axe, que la pénétration soit plus facile et profonde.

Elle comprend. Elle connaît les gestes à faire, les attitudes à prendre. Elle s'incline.

Il apprécie, elle l'entend, elle le sent.

Plusieurs allers-retours, ses mains à lui agrippées sur ses petites hanches naissantes à elle. Puis il la redresse, son dos à elle est plaqué contre son torse à lui.

Il passe ses bras sous les siens, au niveau de ses aisselles, et agrippe ses épaules de ses mains. Il l'empale, mais elle ne le sait pas. Son corps est plutôt présent, sa tête ne comprend pas ce qui se passe.

C'est de plus en plus fort, pressant, puissant. Jusqu'à ce qu'il jouisse. Elle sent le liquide dans son petit corps, elle sait que ça va s'arrêter. Il enfouit sa tête dans sa nuque. Il pleure. « Je t'aime tant » en sanglotant.

Dans une abbaye, le 24 février 2024

Pardonner ?

Messe de ce jour : « Pardonne à ton ennemi. » Et dans l'homélie de ce petit prêtre rabougri. « Aime ton ennemi. C'est la grande parole du Nouveau Testament, le commandement de Jésus. »

Je fais le point dans ma tête, je compte mes agresseurs et ceux qui s'en sont pris à mes petits. Ça fait beaucoup et les fautes à pardonner - des crimes commis sur des enfants - me paraissent par définition impardonnables.

La tâche me paraît incommensurable. Là, il m'en est trop demandé. Faudrait pas abuser !

Je pleure à la fois de la blessure immense infligée et rouverte ce temps de l'office, et de colère contre ce Dieu qui décidément se croit tout permis. Il me prend pour qui ?

Je sors de la messe en pleurant. Je trépigne, je fulmine, me dis qu'il doit y avoir erreur sur le mot. Je cherche donc.

Pardonner, définition CNRTL[12] : « Action de tenir pour non avenue une faute, une offense, de ne pas en tenir rigueur au coupable et ne pas lui en garder ressentiment. »

---

[12] CNRTL : Centre National de Ressources Textuelles et Lexicales

Je ne comprends pas très bien, c'est quoi l'idée ? Considérer une faute comme n'ayant pas eu lieu ? Pourtant, le mot « coupable » est cité, s'il y a un coupable, il y a bien eu faute ! Non, ce n'est pas clair, je continue mes recherches.

Pardonner, définition, *le Robert* :

Ah tiens, il tombe bien celui-là ! Définitions en deux temps

1. Et tenir une offense, une faute pour nulle, renoncer à punir, à se venger - pardonner les péchés.
2. Juger avec indulgence en minimisant les faits.

Alors là, c'est le pompon ! Je fais comment pour minimiser les faits ? Je ne compte que les fellations et pas les sodomies ou l'inverse ? C'est mieux, c'est moins grave ?

J'ai envie de hurler et de tout envoyer balader de cette religion à la con. Allez hop, dans l'eau du bain, le petit Jésus : à peine retrouvé, déjà perdu, ça valait bien la peine !

Non, soyons sérieux, veux-tu ?

Et soyons clairs, pas de messe basse sans curé entre nous : tu m'en demandes trop !

La faute a eu lieu, les coupables sont identifiés. Certainement grâce à toi.

Leurs actes sont si odieux qu'ils sont largement passés du statut d'offenses à celui de crimes.

Mais au fait, pardonnes-tu, toi au pécheur qui ne se repent pas ?

A-t-il la même place en ton paradis que l'enfant qui a subi ? Parce qu'alors l'enfer … c'est pour qui ?

Je ne peux croire que ton message, Jésus, soit « allez-y, Messieurs, Mesdames, offensez les petits, il vous sera de toute façon pardonné ! »

Non mais on va où là ?

« Ne pas en tenir rigueur au coupable et ne pas lui en garder ressentiment. »

Ah là, je perçois un brin de lumière.

Ça résonne avec ce 31 octobre dernier, jour de mon cinquante-troisième anniversaire, celui que ma mère a choisi pour mourir.

Folle de colère, je suis allée dans la petite chapelle des clarisses pour prier Marie « Aide-moi, fais que la colère et la haine n'emplissent pas mon cœur. »

Un an et demi plus tôt, je priais déjà. Mes enfants et moi, trahis par le frère qui me restait, je t'implorais pour que la colère n'obscurcisse pas mon esprit. « Je t'en prie, Marie épargne-moi de la haine, fait que je ne devienne pas comme eux. »

Premier abandon, je leur laissais à ces êtres malhonnêtes, escrocs, ma part de haine. Je refusais de manger le morceau qu'ils m'avaient réservé de leur gâteau infâme et indigeste.

Nous n'en étions alors qu'à l'escroquerie financière, l'abus de faiblesse de vieilles dames célibataires et sans enfants.

Ma mère… je m'y attendais à vrai dire. Après m'avoir offert la visite du cimetière de Castrex, invariablement à chacun de mes jours anniversaire, après m'avoir présenté ses condoléances le jour de mes 50 ans… que veux-tu… j'avais quelque peu perdu mes illusions.

Alors, une petite mort par-ci par-là et finalement posée juste deux petites heures avant celle de ma naissance, c'était pour le moins une preuve risible.

C'est facile de ne pas lui en vouloir. Son dernier acte est petit, sans tendresse ni délicatesse, à l'image de la mère qu'elle a été.

Mais le reste, Jésus, le reste ??

Celui qui parle d'intrusions, de viols, de mort du corps et de l'esprit des enfants. Parce que si ce n'est pas la faute ultime celle-ci, quelle est-elle alors ?

Tu sais, ce crime si grand que le corps ne peut plus être la cathédrale de l'âme ? Ce crime si odieux que les âmes blessées ne peuvent que s'égarer et se cacher. Qu'en est-il de ces profanateurs de corps, ces parasites d'esprits, ces détraqueurs d'âmes ?

Je relis les définitions « Renoncer à punir, à se venger. »

Renoncer, définition du CNRTL : « Cesser par une décision volontaire de prétendre à quelque chose. »

Oui, là je valide. Mais je ne renonce pas pour lui, je renonce pour moi.

J'ai vécu dans la souffrance toute ma vie. Je ne veux pas consumer les jours qui me restent au feu de la rancune, la rancœur et la haine.

Tu ne m'as pas faite pour ça, d'ailleurs tu ne m'as pas dotée de ces attributs, je ne suis même pas jalouse ou envieuse.

Cette noirceur, Jésus, je la leur laisse.

Je garde la colère car, savamment dosée, elle est garante du respect de moi-même, de mon intimité. Elle m'autorise à me battre pour protéger mes enfants. Elle est une force intérieure, puissante et alliée à ma force de vie, une grande amie.

Elle ne me consume pas, elle me permet de parer les coups. Ceux qui me sont infligés, et ceux qui sont flanqués à mes êtres chers aussi.

Alors voilà, plus que de pardon, il est question d'abandon.

Je les laisse pour ce qu'ils sont. À mes yeux encore, des êtres vils et abscons. Aux tiens, peut-être des pécheurs à sauver. C'est dans tes cordes, pas dans les miennes.

Moi, je me range du côté des victimes, petites ou grandes, toujours innocentes, laminées, broyées par ces êtres du mal.

Je ne rentre pas dans l'obscurité de ces individus détraqués. Je ne veux rien en garder, aucune trace physique, aucune ombre psychique que je ne saurais éloigner par renoncement.

Alors oui, Jésus, je renonce, j'abandonne, mais je crains de ne pouvoir pardonner.

Quand même : je les plains aussi et je te les confie. Ça compte ça ? Ne serait-ce pas là le début de ce que tu nommes le pardon ?

Pas sûr : je te les confie plus par souci de ceux qu'ils blessent que du repos de leurs âmes… j'ai encore du chemin à faire… que veux-tu, je ne suis qu'une humble maman…

Merci à toi de veiller sur moi et de guider mes pas.

Marie et toutes les belles âmes maternelles, aidez-nous à protéger nos enfants.

Dans une abbaye, le 10 mars 2024

Guérison ?

J'aurais aimé te dire, cher lecteur, que ça y est, tout est fini, j'ai tout écrit et à la fin de ce recueil, je suis guérie.

Peut-on réellement guérir de tant d'horreurs subies ?

Peut-on guérir d'une vie passée sous emprise, la peur au ventre ?

Peut-on guérir de ces actes de torture qui détruisent notre corps, notre biologie jusqu'à tatouer au fer rouge chacune de nos cellules ?

La vérité est salvatrice. Elle m'évite de sombrer dans la folie dont ces autres m'accusent. Elle m'épargne un suicide programmé, orchestré.

Elle rend à mon esprit sa liberté. Elle permet à mon âme de réintégrer mon corps.

Mais elle n'enlève pas la souffrance des actes subis. Mon corps entier résonne des fellations, des sodomies et autres viols.

Comment pourrais-je me laisser toucher à nouveau ? Qui pourra effleurer ma peau ? Qui sera autorisé à caresser mon corps ? Sans évoquer le reste …

La blessure est immense, abyssale et le chemin de guérison encore long.

Guérison, définition du CNRTL :

- « Disparition (d'une maladie), cicatrisation (d'une blessure). »

Je suis guérie des dépressions. Mais mon corps crie encore, mon ventre brûle, la blessure n'est manifestement pas encore cicatrisée. Est-il possible qu'un onguent soit suffisamment puissant pour l'apaiser ?

- « Retour à la santé (d'une personne), la guérison des malades était considérée comme un des signes du Royaume de Dieu et toujours associé à l'émancipation des pauvres. »

Je vais continuer à prendre soin de mon corps, et je te confie, Dieu, ma guérison.

Tu m'as portée jusqu'ici pour que je reste en vie et je t'en rends grâce. S'il te plaît, marche à côté de moi aujourd'hui sur mon chemin de vie.

Tiens-moi la main, guide ma plume, assure ma voix, et si telle est ta volonté, donne-moi la force de témoigner. Fais de mes mots l'écho de tous les enfants torturés dans les caves, violés jusque dans leur lit.

Marie, aide toutes les mamans de la terre à protéger leurs enfants.

PARTIE V

UN TOURNANT

Toulouse, le 13 mars 2024

Vingt ans plus tard, rien n'a changé

Il y a vingt ans, je protégeais ma fille. D'expertises psychologiques en expertises psychiatriques, je devais prouver ma bonne foi et signifier que je n'étais pas une de ces mères qui, femme abusée, voulait séparer son enfant de son père. Fameux « syndrome de l'aliénation parentale » inventé par Richard A. Gardner, un psychiatre isolé, ignoré aux États-Unis, son pays d'origine, mais consciencieusement suivi en France … entendez « SAP » tant les professionnels de santé et de justice français l'ont adopté.

Par chance pour ma fille, je n'ai jamais été diagnostiquée affabulatrice. Femme au bord de la dépression, oui - au point que certains psychiatres me posaient presque leur main sur l'épaule en fin de séance d'expertise, me souhaitant « bon courage madame », mais mère indigne et faiseuse d'histoire, ça, non, jamais.

Cependant ces mêmes experts étaient hésitants, la perversité du père n'était pas flagrante. Et puis j'avais emporté des cahiers d'écriture, preuves de sa déviance, mais décrits comme lui, comme ses mots de psychanalyse. Sacro-sainte psychanalyse qui permet de tout écrire. J'étais fautive.

L'affaire était délicate, embêtante, borderline. Considérer ces écrits et croire la parole de l'enfant ou tout réfuter en bloc puisque celle-ci n'a pas été « déchirée », selon les mots du médecin légiste qui montrait un moulage de bite au repos à ma fille de quatre ans, après examen gynécologique approfondi, dans un coin reculé du cabinet, sans la présence de sa mère, « tu as déjà vu ça ? » et, entendant la petite voix émettre un faible « non », haussait les épaules en signe de « vous voyez, il ne s'est rien passé. »

Je n'ai réalisé que bien plus tard que ce qu'elle voyait n'était pas un sexe mou et flasque, mais un membre raide et long de plus de vingt cm.

Il y a vingt ans, après m'être enfuie du domicile conjugal pour sauver ma peau, je demandais au juge de m'aider à déterminer si cet homme qui avait été dangereux pour moi était, oui ou non, un bon père pour son enfant.

Pendant un an, je n'ai pas voulu penser qu'il était mauvais père.

Il m'aura fallu des mots forts d'intervenants extérieurs pour qu'enfin je puisse entendre les maux de ma fille.

La psychologue chez qui je l'amenais, culpabilisant de l'avoir arrachée à son père dans ma fuite et qui constatait les réactions de Claire à chaque fois qu'elle avait revu celui-ci : « ça dépasse le cadre du divorce. »

Le responsable du « point rencontre » où les visites avaient été ordonnées médiatisées par un juge prudent : « le comportement de ce père n'est pas normal, il s'isole systématiquement avec l'enfant et lui impose sans cesse qu'elle vienne sur ses genoux. »

Et enfin la bénévole de l'association « l'Enfant Bleu » que j'avais appelée, hagarde, d'une cabine téléphonique, après d'énièmes attitudes alarmantes de ma fille : « Madame, arrêtez de nier la réalité et soyez prête à tout entendre. »

Alors seulement, les mots et les gestes de ma fille me parlant des agressions qu'elles subissaient sont parvenues à mon cœur de mère.

Avant, lorsqu'elle tentait de m'expliquer et que je faisais la sourde oreille, elle se mettait en colère. « Si maman, c'est comme ça qu'il me fait des câlins, papa »… « tu es méchante. »

J'étais une méchante maman de ne pas vouloir la croire.

Lorsque je l'ai enfin crue, alerté les services sociaux, emmenée aux policiers pour qu'elle soit entendue, il aura fallu six ans d'instruction pour la protéger, à défaut d'aller au procès.

On passait « derrière Outreau. »

Six ans pendant lesquels j'ai tremblé comme une feuille, de peur que son père ne la récupère ne serait-ce que le temps de week-ends. Six ans d'enfer, mais au moins, elle était dans mes bras.

Six ans à devoir me justifier, ou plutôt neuf, si on compte les bordures, à crier « croyez-moi, je ne suis pas folle »… « écoutez mon enfant, ce n'est pas moi qui dicte ses mots ou lui apprend à répéter ces gestes. »

Neuf ans en apnée, à suspendre ma respiration pendant que mon enfant grandit. Bientôt, elle saura se défendre et parlera s'il se passe quoi que ce soit.

Il y a vingt ans, je gênais déjà. Il aurait été préférable que je me taise pour préserver l'image sociale, la réputation d'une famille notable et ne pas ébranler les professionnels, les institutions confortablement assises sur leurs théories et leurs principes.

Théorie d'aliénation parentale, savoirs psychanalytiques et présomption d'innocence, sans compter imagination foisonnante et donc mensonges de l'enfant... cocktail explosif lorsqu'on est maman qui protège, il faut y aller prudemment, sur la pointe des pieds, avancer les arguments.

Et surtout, jamais, au grand jamais, ne montrer sa colère, preuve évidente d'une hystérie latente et d'une rancœur contre le père de l'enfant, ex-mari dont l'épouse se venge.

La boucle est bouclée, le cercle vicieux refermé, l'itération aliénante « croyez-moi » peut commencer. J'ai « joué le jeu » toutes ces années, enduré les montagnes russes, subi les alternances espoir versus désespoir... qui vont avec.

On aurait pu penser, espérer même, que vingt ans après, les choses auraient changé... mais non.

Dans une situation différente, mais en lien avec de la maltraitance, j'ai eu le culot de croire les paroles de mon deuxième enfant, jusqu'à l'accompagner au commissariat.

Le croirez-vous ?

Depuis trois ans que les mots de harcèlement ont été prononcés par des professionnels, je suis celle qui influence, qui oriente les propos de mon enfant. Cette fois-ci, puisque j'avais révélé, bien avant, l'agression de mon frère aîné que je n'avais jamais oubliée, je suis celle qui déforme et interprète, parce que je suis « celle qui a vécu des choses. »

Plus fort encore, depuis des mois que mon fils a porté plainte, je suis celle dont il faut l'éloigner. Je suis celle qui « souffre d'une maladie psychiatrique. »

Psychologues, pédopsychiatre et services sociaux (je nuance, certains, Dieu soit loué, pas tous) estiment normal que mon fils soit totalement privé de sa mère depuis des mois. J'attends à ce jour d'en connaître la raison officielle. Eux ne daignent même pas m'adresser la parole.

Pourtant, la pédopsychiatre responsable de cette équipe d'élite l'a affirmé « nous ne mettons pas du tout en doute le fait que vous soyez une bonne mère. » Alors quoi ?

En même temps, qu'elle me rassure sur mes capacités maternelles, même si elle m'estime « un brin trop protectrice », elle ne trouve rien d'inquiétant à ce que mon fils, avec lequel j'ai une « belle complicité », ne veuille plus me parler.

Faire un lien avec des textos de détresse que Nathan m'envoyait juste après son dépôt de plainte, « mon père m'isole … il ne veut pas que je te parle, sinon il me fait la morale... » ? Ah ça, non ! Parce que c'était avant, du temps où le pauvre papa, choqué par les révélations de son fils n'a pas su « bien réagir. »

C'était du temps où il expliquait à son fils que les violences qu'il avait subies étaient des « agressions mutuelles. »

C'était du temps où il lui disait aussi « j'ai l'impression que ta mère veut te faire penser des choses pour valider ce qu'elle a elle-même subi. »

Mon fils ne pense pas, il décrit.

Mais ça, c'était avant, parce que le père a changé depuis. Changement d'attitude, changement de mots, tour de magie, tour de passe-passe, il est devenu le père idéal et moi la mère à fuir.

Et tout le monde de la protection de l'enfance suit. C'est commode le déni.

La policière qui a recueilli la plainte de mon fils l'a félicité : « bravo pour ton courage, tu es un modèle pour les autres enfants, grâce à toi, d'autres seront protégés… »

L'espoir se lisait dans les yeux de mon fils. Il me questionnait pour savoir si tout allait rentrer dans l'ordre, enfin. Je lui répondu « oui », lui assurant que j'étais fière de lui. J'étais persuadée du bien-fondé de mes paroles.

Pourtant, me voici dans la même situation qu'il y a vingt ans. En pire, parce que cette fois-ci, je suis privée de mon enfant et ce dernier, est séparé de la seule personne qui l'a cru, le protège et le défend.

Vingt ans plus tard, au lieu de parler de trauma et d'attitude inadaptée d'un père, les professionnels évoquent un « conflit parental », là où, comble du ridicule, il n'y en avait jamais eu. Nous avons divorcé à l'amiable, sans le moindre juge instauré en gardien de la paix : il n'y avait pas de guerre !

J'aurais préféré : au moins j'aurais pu anticiper et me préparer à ce nouveau combat. Le sujet de l'agression est à nouveau déplacé, minimisé, nié. Mieux vaut ne pas en parler.

Vingt ans plus tard, la parole de l'enfant est balayée d'un revers de main, par ceux censés le protéger.

Les loups utilisent les mêmes ficelles et vous n'y voyez que du feu.

Les loups m'ont isolée et les moutons les suivent.

Soit, rien n'a changé.

Sauf moi. Aujourd'hui, je ne suis plus apeurée, ma parole est libre et ma plume s'exprime. D'autres voix s'élèvent aussi. Celles de 30 000 adultes déjà victimes, enfants. Celle de la première commission Civiise[13], qui les a entendus et les soutenus.

---

[13] Ciivise : Commission indépendante sur l'inceste et les violences sexuelles faites aux enfants

Quand les adultes, les professionnels et les institutions croiront-ils ces 160 000 enfants ? Quand oseront-ils enfin s'ériger contre les puissants – en apparence seulement – pour protéger la Joie et l'Innocence de nos petits ?

Les êtres nauséabonds et destructeurs n'ont de puissance que notre ignorance, le pouvoir et l'argent. Et votre aveuglement, votre acharnement à ne pas croire la parole des enfants, cumulés à votre infirmité à soutenir leurs mamans.

Quand allez-vous accepter d'ouvrir les yeux, écouter les enseignements et préconisations de celles et ceux qui, à l'instar de Christel Petitcollin et Édouard Durand, entendent les adultes brisés et enfants violés depuis plus de vingt ans ?

Quand aurez-vous l'humilité de vous remettre en question et vous former ?

Il ne tient qu'à vous de récupérer le pouvoir, protéger nos enfants, permettre à des adultes d'être heureux et en bonne santé et faire économiser 9,7 milliard à la société.

Imaginez ce que nous pourrions faire avec 9,7 milliard économisés. Imaginez une société où les enfants seraient protégés, heureux et libres de courir, de rire, de danser, de jouer, de manger, d'apprendre...

Toulouse, le 20 avril 2024

L'incarnation du Mal

Je reviens à ma vie, je reviens à ma plume.

Le temps de leur acharnement arrive à sa fin.

Ils sont finis et bientôt seront chacun punis à la hauteur de leurs fautes et leurs responsabilités.

Je le sens, je le pressens, le temps est au changement et après avoir été courageuse, combattante, je serai bientôt conquérante.

Je remercie Dieu de m'avoir donné cette force de vie indestructible. Il m'a doté des meilleures armes pour mener le combat : la persévérance, une capacité d'espoir immuable, l'amour maternel inconditionnel, le courage, l'optimisme et la foi.

Comment se peut-il qu'aujourd'hui encore je sois heureuse d'être en vie ?

Le corps de ma petite fille intérieure, laissé pour mort sur le sol froid de la cave, reprend vie.

Je ne suis pas que cette enfant violée.

Je suis au-delà, je suis celle-ci, mais je suis une boule de feu, une boule de Vie, que rien ni personne ne peut anéantir.

Personne n'aura ma Vie. Personne n'aura ce qui me tient vivante : ma Joie et ma Foi.

Il y a quelque chose au-delà de ce mal incarné devant mes yeux d'enfant de cinq ans.

Un homme peut faire la guerre pour défendre sa famille, la venger peut-être, lutter contre un oppresseur, défendre son territoire… allez… un homme peut même faire la guerre parce qu'il est endoctriné ou entraîné dans un mouvement de groupe, où la loi du plus fort est celle du plus nombreux.

Quel homme isole une petite fille de cinq ans dans une cave, la déshabille et la viole ?

Un homme seul, en pleine capacité de ses moyens, et qui a prémédité, planifié son crime … une fois, dix fois, mille fois…

Il s'en délecte même de ce scénario, moultes fois répété et réécrit, pour de multiples jouissances.

Quel homme est capable de ça ? Quel homme accomplit-il son crime avec autant de jouissance par le seul fait de violer l'innocence et de voler la joie d'une petite fille, avant lui rayonnante ?

Si ce n'est celui qui incarne le Mal ?

Celui dont même Jésus dira qu'il vaut mieux lui mettre une meule autour du cou et le jeter à la mer ! La Bible, Luc XVII :1-2.

Cet homme n'est plus créature humaine, créature divine. Il est le Mal qui a pris possession de l'homme.

Train pour Lausanne, le 1ᵉʳ mai 2024

Tu n'étais pas puceau

Tu n'étais pas puceau, ou plutôt, à 20 ans, tu étais puceau d'avoir fait l'amour à une femme.

La virginité, tu l'as plantée dans mon corps de fillette. Et tu l'y as laissé, réaffirmant coup après coup, heurt après heurt, par d'innombrables et inextinguibles allers-retours, ta volonté de me posséder. Putride abcès.

Il fallait que je sois à toi. Rien qu'à toi.

J'étais ton tout, tu n'avais pas besoin d'amis, ni de sorties, parce que tu m'avais, moi.

Tu t'es fait père protecteur de substitution.

C'était facile, la place était libre.

Tu étais mon grand frère, mon adoré.

Devenue femme, je n'ai jamais supporté la sensation du sperme qui se liquéfie et coule le long de mes cuisses.

Trace du viol.

Cette dernière fois, ton ultime tentative lorsque j'avais près de 13 ans et toi 21… tu n'as pas insisté, tu n'as pas récidivé.

J'en comprends aujourd'hui la raison, j'étais pubère, en âge de procréer, apte à montrer au monde le fruit de ton vice et de ta perversité : un ventre rond portant ton enfant.

Tu jouissais en moi. En écrivant, les sensations reviennent à mon corps. L'excitation en premier hélas. Mon clitoris excité, le frottement, ton sexe dur qui rentre dans le mien. Ta main qui frotte mon clitoris, tandis que par derrière ton phallus pénètre mon vagin.

Et cette putain d'excitation qui monte. J'ai envie de me masturber alors que j'écris là, dans ce train.

Si j'étais seule, je ne pourrais pas m'en empêcher. Il faudrait que je m'allonge à plat ventre sur mon lit, et les deux mains jointes sur mon pubis, mes doigts appuyés sur mon clitoris, que je soulage enfin cet impératif corporel qui s'impose à moi : détendre la tension insupportable, libérer les neuromédiateurs des nerfs de mon clitoris et par une petite « jouissance », apaiser mon corps.

Oh cela ne serait pas long, deux, trois minutes, pas plus. Il ne s'agit pas d'une vraie jouissance, il n'est pas question de désir, ni de plaisir.

Non bien sûr que non. Il s'agit de libérer une tension, réflexe de mon corps d'enfant conditionné par vos gestes, vos agressions de grands.

Vous saviez ce que mon âme et mon esprit de petite fille ne pouvaient qu'ignorer : la sexualité. Ou plutôt comment exciter le corps, le faire réagir.

Le vôtre en premier bien sûr, vous toucher, triturer vos couilles et votre gland, branler votre phallus au gré de votre imagination perverse. Provoquer la lenteur, le mouvement suspendu, puis l'accélération pour augmenter votre jouissance finale.

Mais ce n'était pas suffisant n'est-ce pas ?!

Ça, cette misérable masturbation salace n'était que votre mise-en- bouche. Ça ne suffit pas. Et une quelconque morale, un infime remords de la fois d'avant, ne vous effleurent même pas, ni le corps, ni l'esprit.

Et votre « merveilleuse » jouissance, votre plus intense satisfaction, votre plus puissante éjaculation, ne pouvait que se produire là : dans mon corps de fillette, peu importe l'orifice, vous me remplissiez pour mieux me détruire, me dominer, me posséder.

Vous êtes infâmes.

Mais vous êtes démasqués. C'en est fini de vous.

Par les gestes abscons que vous avez ancrés en moi, grâce à ma force de survie, puis de vie et par cette plume qui m'est donnée, ce sont d'autres prédateurs, des violeurs d'enfants, comme vous, qui vont tomber.

Toulouse, le 2 septembre 2024

L'enfant soldat

Il est là, enfin, il se tient à nouveau devant moi.

Après ces huit longs mois d'attente, j'ai enfin la joie de le revoir.

Il y a quelques jours, nous avons goûté joyeusement nos retrouvailles. Le naturel est revenu au galop et nos regards amusés, notre complicité n'ont pas eu besoin de cartons d'invitation.

Nous étions heureux de nous revoir, simplement.

Deux petites heures de grâce à peine, et le couperet est tombé. Il reçoit un texto, le lit et subitement change d'attitude.

C'est qu'il ne faut pas être joyeux, vous comprenez.

Son regard s'est modifié, il devient défiant et l'enfant s'envole, il retourne dans sa cage. Il n'a pas d'autre choix, il est conditionné pour ça.

Deux petites heures pendant lesquelles j'ai tâché de le relier à lui-même, ses émotions, ses passions. Une bouffée d'oxygène pour ne pas le voir s'éteindre définitivement. Il n'a déjà plus confiance en lui et son estime de lui-même est ravagée. Il est seul, toutes ses amitiés sont sabordées par ces autres qui veulent lui faire penser que les violences qu'il subit sont banales et normales.

Il ne s'agirait pas qu'il en parle à l'extérieur du « cocon » familial, il ne faudrait pas qu'il y ait de témoins.

L'isoler pour qu'il ne puisse pas parler. La porte d'acier s'est refermée.

La cage n'est pas faite de barreaux : ils lui ont ôté la possibilité de voir au loin et d'avoir soif de liberté. Elle est une caisse métallique aux murs froids, à l'atmosphère glacée.

La cage est devenue en apparence le panier du chien. Un vieux drap y est déposé au fond, ça suffit bien. L'enfant ne bouge plus et répond à l'appel de son maître, que dis-je, son tyran.

Ils lui ont appris à bouder ses amis pour qu'ils s'éloignent de lui.

Ils lui ont appris à faire « comme si de rien n'était » devant les enseignants, seul contact qu'il a en dehors de sa niche.

Ils lui ont choisi ses soignants, c'était facile, il suffisait de les choisir d'obédience psychanalytique. Marée noire du cerveau assurée, pas moyen d'en réchapper.

Ils lui ont appris à me mordre, à me lacérer les mollets pour que je ne puisse plus tenir debout, moi sa mère.

Ce jeune garçon qui est en face de moi, il est mon fils, mais je ne le connais pas. C'est notre deuxième rencontre en huit mois hormis les temps de traquenard savamment planifiés.

Il a grandi, sans moi.

Son regard est empli de défiance, il se met en colère, il m'accuse et me montre violemment du doigt : je suis la responsable, tout ça, c'est à cause de moi.

Parfois, un sourire s'esquisse et son regard pétille, ça ne dure pas, vite, il doit faire taire sa joie.

Je prends les coups, je suis sur le ring sans l'avoir choisi. A l'inverse des mois précédents, je ne dois pas répondre : encaisser les uppercuts en silence, parce que c'est toi mon enfant qui les assène, mais ils ne viennent pas de toi.

Tu es téléguidé, contrôlé à distance pour me faire mal, participer à ma destruction et me réduire au silence pour que je baisse les bras, me taise, et ne te protège plus.

Qui mieux que toi, ou ta sœur, pourrait atteindre cet objectif qui est le leur ?

Ils ont joué de l'amour que vous avez pour moi me faisant passer pour « malade psychiatrique », ils vous ont inquiétés, puis réclamé votre soutien actif pour « m'aider », me faire accompagner par « des professionnels » comme ils les appellent, des « soignants » dignes de ce nom. Enfin à leurs yeux, parce qu'en réalité, ce ne sont ces gens-là, que des charlatans et des bonimenteurs qui usent du diagnostic - bipolaire rien de moins - pour vous terroriser.

Les pauvres idiots ne m'ont même pas rencontrée ! Ils auraient mieux fait, cela leur aurait évité beaucoup de déboires, ils n'auraient pas dû me désenfanter. Et combien d'autres mères et enfants ont-ils ainsi été séparés violemment ?!

Des clowns dont les blagues ne font plus rire, des pantins au milieu de la scène, les chaussures pleines de sable et la cravate de travers, qui font pitié et donnent la nausée.

L'enfant soldat a des micro-réveils, le temps de quelques fractions de seconde. Mais il a toujours sa mitraillette entre les mains. Les autres ne l'autorisent pas à la lâcher.

Alors il sent le métal froid sous ses doigts et il se reprend. Il a une mission, il doit assassiner. La joie n'a pas de place dans la vie d'un enfant soldat.

Je suis en face de lui, je suis la cible et il doit tirer.

Son sourire est ironique lorsque je lui dis ma souffrance des mois passés. Ça a l'air de l'amuser. Première balle. Je la reçois en plein cœur. Ça fait mal.

Je tâche de garder pour mon enfant devenu celui qui tue, un regard d'amour infini et inconditionnel : une heure de torture mentale et physique. Mon esprit est traumatisé, mon organisme et mon cœur en paient le prix.

Il faut éviter la compassion, il ne la supporte pas et la considère comme une remise en question de son Dieu.

Son père est devenu son Dieu.

Est-ce un père celui qui se comporte ainsi ?

Non, c'est tout au plus un géniteur puisqu'il faut bien reconnaître un lien avec notre enfant.

Il existe aussi des génitrices.

C'est lui l'enfant, le sale gosse qui n'a pas voulu grandir et n'a pas appris à gérer ses frustrations.

Tout lui est dû, il est rempli de haine et de rancune, il est jaloux et ne connaît aucune émotion.

Il veille sur son sac de billes et n'en distribue que dans le but d'acheter le silence ou récupérer un boulard.

Il est petit en âge, mais il est extrêmement rusé et plein d'une malice malsaine qui lui permet d'élaborer mille scénarios, tous plus destructeurs les uns que les autres.

C'est qu'il a un objectif principal : détruire cette mère que je suis pour mes enfants et qui lui est devenu insupportable. Il aurait sans doute voulu avoir la même. La sienne est aux antipodes de celle que je suis.

Elle est froide où je suis chaleureuse.

Elle est distante où je suis câline.

Elle est astringente où je suis douce.

Elle est revêche où je suis tendre.

Elle est méchante où je suis gentille.

Elle est castratrice où je suis encourageante.

Elle est acide où je suis basique.

Elle est rabat-joie où je suis tout en joie.

Elle est égoïste où je suis dans le partage.

Elle est malveillante où je suis bienveillante.

…

Oui, mais elle est sa déesse où je ne suis qu'un subside de reine qu'il peut piétiner, qu'il veut anéantir d'autant plus que je ne m'occupe plus de lui.

C'est que j'ai osé divorcer.

Il n'y a même pas eu de combat, j'ai fait les comptes, précis, dans le cadre de l'équité et la légalité, avec deux notaires espantés devant tant de pingrerie. Nous avons eu la force d'en rire en évoquant le cours du croissant, petit caillou qu'il m'avait jeté à la figure après le confinement, me reprochant d'avoir dépensé trop d'argent à la boulangerie. Les ronds concentriques se sont propagés autour du point d'impact : le lendemain, je lui annonçais mon départ.

L'argent aurait pu être le seul point d'achoppement à ce qu'il me rende ma liberté. Je suis allée chercher la clé de ma cage, à coups de tableaux Excel, remplissant les cases de tous les objets de la maison.

Pièce par pièce, j'ai fait l'inventaire pour présenter à Monsieur une solution irréfutable d'un partage « juste », tenant en compte les prix d'achats neufs et la vétusté… jusqu'à l'épluche légumes. Si, si, vous avez bien lu. Oui, mais il faut dire qu'il est spécial : la lame pivote, c'est un ustensile de compétition, acheté 12 € en quincaillerie. C'est moi qui l'avais acheté - entendez par là, avec mon argent personnel, soyons clairs - mais il ne s'en souvient pas.

Je veux éviter tout frein, alors va pour le couteau culinaire…valeur estimée après trois ans d'utilisation ?

Un « sale gosse »[14] sur le trône d'un dieu, avec d'autres sales gosses autour qui ricanent à l'idée de participer aux mauvaises blagues.

Mon fils n'a aucune chance de quitter son panier. Il ne se sait pas prisonnier et il ne renierait pas ses dieux. Il n'en a pas le droit.

Pourtant, il a résisté et je vois l'espoir dans cette volonté qu'il a su afficher : ne pas redoubler.

C'était le plan de son Dieu, c'est que lui-même a redoublé tant de fois. Il ne s'agirait pas que son fils réussisse mieux que lui. Alors il saborde, à coups de regards « compréhensifs » mais gluants, sous-entendu « tu n'es pas aussi doué que moi en maths, je vais t'aider », entendez « tu es nul en maths, le seras toujours, tu ne sauras jamais rien faire sans moi. » Il touche à l'identité, l'estime de soi. Ce n'est pas un constat, c'est un ordre qu'il donne.

---

[14] Cf. travaux de Christel Petitcollin

L'année scolaire a été difficile pour mon fils livré à ces loups.

Ils le disent en échec, où je le sais brillant. 18,85 au brevet n'en est-il pas la preuve ? C'était il y a tout juste un an !

Résiste mon fils, lutte comme tu le peux. Je suis à tes côtés et je mène un combat acharné pour te sortir de la nasse aux requins.

Mon amour est immense, ma force de frappe puissante car décuplée par ma spiritualité. Je suis portée, je suis guidée. Les anges, archanges et maîtres ascensionnés sont de tous les combats.

Les enfants sont les protégés de Dieu.

Tu n'es pas seul. Ta sœur non plus.

Je suis et resterai à jamais votre mère veilleuse.

Je vous aime.

Toulouse, le 20 septembre 2024

Survivre à tout prix

Il n'y a rien à faire, j'ai le ventre qui brûle et qui me tiraille.

Le lactose, le gluten ? Oui, certainement, mais pas seulement.

Non, ce qui me brûle les entrailles, c'est de savoir mon fils en danger.

Je le vois et je comprends.

Je l'entends et je sais.

J'ai tout essayé pour le protéger : discuter avec son père, puis crier qu'il était hors-la-loi et qu'il n'avait pas le droit de nous faire ça. Appeler à l'aide des professionnels de santé. Censés entourer mon enfant, ils m'ont mise dans une cage de verre.

Je criais, mais ils m'ont rendue inaudible, puis transparente, invisible.

J'ai senti au plus profond de mon être mes enfants couler.

Mais je ne pouvais rien faire, ils n'auraient attrapé aucune bouée de sauvetage d'une mère qualifiée de « malade psychiatrique. » Au contraire, tout refuser en bloc de ce qui venait de moi, pour mon bien, mon salut : me faire souffrir et souffrir eux aussi, mais pour mon bien, alors tout va bien.

J'ai saisi le juge des enfants. Je l'espère neutre et dans la loi. J'ai travaillé nuit et jour pour extraire, identifier, classer, rendre lisibles les preuves.

Et maintenant... j'attends.

J'alterne le bruit des moments fugaces de joie et les uppercuts du silence.

Ça fait mal.

Les nouvelles du lycée ne sont pas bonnes, la machine à destruction de l'estime de soi est toujours en route. Mon fils est laminé, ravagé, mais anesthésié, alors « il va bien. »

Il se meurt de l'intérieur, que fera-t-il pour rester vivant ?

À moins qu'à un moment donné, il n'en ait plus ni la force, ni l'envie.

Et moi, je suis spectatrice du carnage.

C'était plus facile quand je ne le voyais pas.

Je me battais, mais je n'avais fait que pressentir les dégâts, maintenant je les vois.

D'autres personnes ont-elles les yeux ouverts sur ce qui se passe derrière la façade du sourire creux de mon fils ou des mots venteux de son père assassin ?

Sans vous, je ne peux que rester là, assise au milieu de la salle, et voir mon fils, d'habitude si plein de vie et de joie, devenir terne : un automate qui par le poids de la ferraille qui l'encercle prend l'eau, inexorablement.

Alors oui, j'ai beau supprimer le lactose et le gluten de mon alimentation, mon ventre brûle, mon cœur défaille, j'ai mal.

Les manipulateurs poussent au suicide les conjoints, les enfants et leurs mamans.

Je tiens bon, je ne suis toujours pas en dépression, toujours aucun médicament, Dieu soit loué, cela aurait fatal dans la situation … « vous voyez, bien, nous avions raison ! »

Mon corps résiste, mon cœur ne m'a pas lâchée. Ma foi me porte.

Qu'est-ce qui maintient hors de l'eau la tête de mon fils ?

Je vous en prie, sortez-moi de cette salle et rendez-moi mon enfant.

ÉPILOGUE

En cette abbaye, le 17 juin 2024

Seigneur, qui sont-ils ces puissants ?

8 heures 30

Seigneur,

Qui sont-ils ces puissants contre lesquels tu veux que je me batte en ton nom ?

Ils parlent de politique, de justice, de santé, de psychanalyse. Ce sont les puissants de notre société et toi tu penses que je saurais les démasquer et les soumettre à ta loi divine ?!

Je me sens si petite de ma condition terrestre, une simple maman honnête et juste certes, mais une simple maman comme tant d'autres qui ont à cœur de protéger leurs enfants.

Une femme fragile encore des reviviscences d'épreuves de vie lourdes et douloureuses. Une petite fille profondément blessée et meurtrie, violée dans son lit et laissée pour morte sur le sol de la cave de la maison familiale. Et pire encore, dont je n'ai pas à la conscience, le souvenir immonde et atroce, mais dont mon corps me parle et témoigne déjà.

Et toi, quel a été ton rôle dans tout ça ?

Où étais-tu dans mon enfance martyre ?

Je te devine dans les petits moments de joie : les courses aux escargots, les rires et les câlins avec Maria. Étais-tu dans ces moments-là pour me donner la force de survivre à tant d'infâmies ?

Je te sais derrière le son de la clochette que j'ai agitée, à genoux, enfant de chœur - de cœur - aux offices du dimanche.

J'écoutais la vie de ton fils, il était mon ami.

Je riais intérieurement en mettant mon doigt dans ma bouche pour décoller l'hostie plaquée à mon palais.

J'étais seule : Maria repartie dans sa famille pour le week-end, mes parents et mes frères loin des sermons et homélies.

Elodie à ma gauche ou à ma droite, le fait d'être là, à écouter la voix du prêtre, était de mon choix et personne, ni de ma mère ni de mon père, n'osait y redire. Une vague crainte de Dieu figeait leurs langues. Et puis, socialement parlant, ma place au pied de l'autel n'était pas déplaisante… après tout, laissons à la petite ses lubies…

Je suis venue te rejoindre tous les dimanches d'automne et d'hiver, de mes sept ans à mes onze ans, lorsque la famille n'allait pas dans notre maison de campagne. Dans celle-ci, lovée au creux d'un lac en pleine nature, je te retrouvais sous une autre forme : je m'émerveillais de tes réalisations. Le son des êtres vivants et de l'eau dans le silence des hommes, je goûtais ta Paix.

Dans la douceur de ta lumière, je savourais les couleurs de la vie que tu m'offrais.

En symbiose avec des grillons, un lézard vert, mon chien, mon chat, j'étais simplement avec Toi.

Tout a changé lorsqu'il a voulu me violer en ce lieu sacré, j'avais douze ans et demi.

Dans mon lit d'enfant à Berthelioux, je me soumettais, je subissais sans rien dire parce que conditionnée depuis mes cinq ans à être pénétrée par les phallus géants de ces hommes malfaisants.

Mon frère n'avait pas osé jusqu'alors s'en prendre à moi, dans cette maison qui était en mon cœur de petite fille, celle de la joie et de l'innocence. Non pas pour m'épargner et m'accorder quelques moments de paix, non pas par envie ou désir assoupis. Il m'épargnait car il n'en avait pas le choix : notre frère Laurent dormait dans la même chambre que nous ! Il en était tout simplement empêché.

Ce matin-là, Laurent était absent ou peut-être s'était-il levé plus tôt pour partir à la pêche ou sur le bateau ? Peu importe, la voie était libre et son envie pressante. Il fallait se soulager, il fallait me violer.

En ce lieu, j'ai trouvé la force de dire NON et je me suis glissée hors de son lit, enfuie de cette chambre devenue maudite.

Lorsqu'il a gravi les escaliers était-il penaud ? La queue entre les jambes ça c'est certain ! Je savais ce qu'il voulait et j'ai fait l'expérience de la puissance de mon refus. Je pouvais poser mon buste à l'horizontale sur la barrière de métal de la terrasse, cambrer mes reins comme si je lui offrais mon vagin ou mon anus… et lui refuser « je sais que c'est ça ce que tu veux, mais plus jamais tu ne l'auras. »

Tu étais là n'est-ce pas ? Dans ce refus de l'ignominie qui mène à la mort ? Acte ultime de survie d'une enfant violée depuis tant d'années. J'aurais aimé que les sévices s'arrêtent là, que les souffrances soient enterrées avec cet acte de refus.

Ce n'était pas possible n'est-ce pas ? Puisqu'aucun adulte ne m'entendait, ni ne me protégeait, j'ai dû enterrer les actes de torture et de barbarie pour continuer à vivre, cahin-caha.

Je me suis absentée des offices. Jésus n'était plus mon ami. Je me sentais abandonnée de tous et ton fils n'a pas su rester à mes côtés dans cette profonde solitude d'adolescente abîmée.

J'ai néanmoins continué le chemin préconisé par l'Eglise jusqu'à la confirmation, plus pour « bien faire » et par crainte de Dieu que par réelle conviction et encore moins vocation.

La chaîne était rompue plus de mon fait que du tien. Pourquoi ?

10 heures 20

Oh Seigneur, je sors de la messe et cette eucharistie avait la saveur de la première hostie que tu as déposée dans ma bouche.

Je recevais, du haut de mes sept ans et demi, cette petite pastille ronde et fine qui se collait instantanément à mon palais… et cette instruction donnée par la sœur à l'air débonnaire qui me revient en mémoire à cet instant : « surtout ne mettez pas votre index à la bouche pour tenter de l'y décoller… c'est mal élevé. »

Alors je m'appliquais avec ma langue malhabile encore… c'était donc ça, le corps du Christ ?!

Et dans cette posture d'humilité dont je ne peux me défaire à chaque office que je vis ici, ma conscience s'éclaire, tu te fraies un chemin jusqu'à mon cœur et réponds à mes questions.

Où étais-tu lorsque, enfant, je vivais l'enfer ?

Tu étais là, dans cette petite rondelle de pain, d'apparence banale et sans goût. Ce jour où tu es entré en moi, tu m'as protégé des actes meurtriers de mon père.

Dans sa conscience du Mal, il s'est arrêté là et a cessé de salir en personne mon corps de petite fille : on ne profane pas le corps d'un enfant de Dieu.

C'est pour cette raison, unique et divine, qu'il a cessé de me violer lorsque j'avais 7 ans et demi. Il m'a livrée aux autres, mais il avait peur de Toi en moi.

Je l'entends se pavaner devant les témoins de Jéhovah qui sonnaient à notre porte : « mais vous, dans votre religion, combien d'hommes vont au Royaume des cieux ? C'est que dans la mienne nous allons tous au paradis, quelles que soient nos fautes puisque nous sommes pardonnés… il suffit de demander ! Alors… quelques élus contre tous… moi, j'ai choisi ! » et son rire sardonique et hautain de celui qui Sait, du puissant, du riche au-dessus des faibles et des pauvres.

Ce pauvre homme a donc peur de l'enfer et a pensé s'en préserver en mettant sa queue de côté, loin de mon corps innocent. Mais qu'a-t-il fait d'autre, par ses pensées et ses actes : à qui m'a-t-il livrée encore, en plus de mon frère aîné ?

Ton Corps a protégé le mien de la barbarie d'un père salaud, mais qu'en est-il du reste ?

Je te remercie d'avoir fait cesser les outrages premiers et impardonnables d'un géniteur. Donne-moi la force d'affronter les souvenirs du reste : ou comment cet homme nauséabond a-t-il continué ses exactions sans se mouiller plus avant ?

Les mots des survivantes résonnent et j'en reviens au début de cette lettre que je t'adresse, autant que tu me livres ta Vérité au fil de cette écriture que tu guides sous ma plume.

Les actes de barbarie mentale, dont le couteau utilisé aussi bien pour décapiter les poules sous les yeux effrayés des enfants que pour leur imposer le silence et l'immobilité : la soumission !

Un parent pédiatre, à même d'utiliser les molécules qui endorment ou anesthésient, et dont il dispose par son métier. Est-ce possible ?

Oui, je sais dans mon corps et dans mon âme que la réponse est oui.

Et ces phrases qui m'accompagnent :

- l'inimaginable est possible
- l'avenir nous le dira.

Peu à peu, la boucle se referme sur les notables de Berthelioux… quels sont-ils ? Un avocat, un notaire, un homme – ou plusieurs – politiques ? La franc-maçonnerie effleure en toile de fond : pour ou contre ? Complice ou adversaire des êtres nauséabonds ?

René, ce personnage à l'accent rond du Sud de la France, celui-là même qui écrivait des lettres dans mon dos : agresseur, passif, débonnaire innocent ? Il était franc-maçon et il l'affichait clairement.

Mon père disait avoir reçu x fois les trois petites tapes de l'index au creux de sa main, mais disait avoir toujours refusé d'entrer dans la ronde : il était « au-dessus de tout ça », il valait mieux qu'eux.

Monsieur Bertrand semblait être son mentor, son idole. Mon père le défendait bec et ongles et le remplaçait avec fierté à la tête de la mairie pendant que l'autre - élu sénateur - officiait à Paris.

De fait, je ne l'ai pas vu souvent à Berthelioux. Je me souviens de lui comme d'un homme figé dans son corps, rougeaud, énonçant des paroles sur un ton gentil mais mou, de celui d'un personnage quelque peu imbibé par les trop nombreux cocktails. Il était de bon ton à l'époque de figurer un verre - ou plusieurs - d'alcool à la main… c'est qu'il y avait toujours de quoi trinquer !

Qu'est-ce que mon père lui trouvait ?

À part un faire-valoir qui, dans sa somnolence d'alcoolique mondain, absent de la scène de Berthelioux, lui laissait toute la place ? Sans les inconvénients, car si mon père pouvait briller, il n'en était que plus à l'aise dans les exactions puisque la faute incomberait finalement à Monsieur le maire… c'était si facile !

Depuis plus de vingt ans que tu me fais saisir ma plume, ce n'est pas l'imaginaire qui se révèle mais bien la Vérité que tu m'offres à lire et un témoignage qui s'écrit : l'inénarrable qui se narre jusque dans les détails.

La réalité qui surgit : la cruauté à l'état primitif, premier du terme, froide, tranchante, glacée comme une lame d'acier.

Une cruauté raffinée et incisive dans le moindre des sévices infligés.

Mais le pire : la volupté dans la cruauté !

La volonté dans l'anéantissement de l'innocence, la délectation dans les actes barbares, le plaisir puisé dans les petits corps d'enfants mutilés, leurs regards effrayés et implorant la pitié.

Ces êtres ne connaissent pas la pitié, ils ne connaissent que la jouissance dans l'asservissement des petits, Premiers dans le Royaume de Dieu.

Détruire l'innocence des enfants, c'est plonger la lance dans le cœur de Jésus et le voir souffrir, impuissant, avec ravissement.

Et ces autres ? Ces adultes qui savent mais ne disent rien ?

Qui sont-ils, Seigneur, ces croyants qui se disent proches de toi et de ta Parole, et qui pourtant ne font rien pour protéger tes enfants ?

Pire, qui sont-ils ceux qui accompagnent des jeunes, inspirés semble-t-il de ta Volonté, et qui se détournent, une moue sur le visage, une grimace de dégoût à la bouche mais avant tout un regard fuyant et la voix qui s'éteint subitement, lorsqu'il est évoqué à leurs oreilles les agressions d'enfants ?

Leur vends-tu un pays de bisounours ? Un paradis sur terre où la perfidie, le mensonge, la calomnie et les actes barbares n'existent pas ?

Leur demandes-tu d'être des accompagnants serviles, des bergers aveugles et par là même non protecteurs ?

Je ne peux pas le croire, ni même l'imaginer.

Tu me demandes de parler en ton Nom, n'est-ce pas ?

Tu me fais cet honneur et je t'en rends grâce.

Je suis un peu hébétée et la tête me tourne. Ma conversion et mon retour à toi sont si rapides.

Je suis revenue me réfugier dans tes bras en février 2023 : tu m'as donné la force de résister à la tentation du sonnant et trébuchant, de l'argent facilement gagné sur le dos des personnes faibles et souffrantes, au nom des valeurs de justice, d'honnêteté et de bienveillance.

Ne pas entrer dans la danse d'un détournement d'héritage, initialement destiné à l'Institut Pasteur ... 160 000 euros, uniquement pour moi et à multiplier par trois – mes frères et moi -, ce n'était pas rien !

Une semaine dense, des nuits peuplées de cauchemars, des journées emplies de doutes, de peur et de crainte pour finir libérée des chaînes dont ces êtres malfrats avaient fait ma prison.

La privation de mes enfants en février 2024 : en même temps que ta traversée du désert … la mienne !

J'ai vécu ma passion, en même temps que tu vivais la tienne pour notre libération.

J'ai été crucifiée par ceux qui m'étaient les plus chers, mes propres enfants, le vendredi Saint.

Je pense avoir souffert autant qu'il est possible à une mère de souffrir sans y perdre la raison, sans que son cœur s'arrête de battre définitivement. Takotsubo au programme, « syndrome du cœur brisé. » J'ai cru mourir cette nuit-là, heureusement tu veillais sur moi.

Je suis venue, en ce lieu sacré, me réfugier pour continuer à vivre.

S'il n'y avait pas eu mon fils à sauver, il est probable que je me serais arrêtée. Au début du moins, car tu m'as rapidement fait comprendre que je devais aller au-delà de mes deux maternités et devenir la mère d'un plus grand nombre… du plus possible.

Aider les mamans à protéger leurs petits.

Éclairer les adultes et les accompagner dans ce mouvement qui consiste à écarter leurs paumes de mains de leurs paupières. Leur permettre de regarder la réalité en face.

Accompagner les enfants victimes pour que demain il y ait moins de bourreaux et moins d'hommes et de femmes souffrants.

Donner la place à la Vie. Témoigner de ta Présence, de ton Amour Infini.

Aide-moi Seigneur à marcher dans les pas du Christ. Épargne-moi la vanité, l'orgueil, l'autoritarisme et l'oubli de Toi.

Place dans ma bouche les mots justes qui apaiseront certains autant qu'ils convaincront d'autres. Je ne suis pas moniale, mais je porte la vie en Toi.

En l'an 2 000, je te faisais cette demande déjà de ne plus jamais me lâcher la main.

Je t'implorais le discernement qui m'aurait permis de m'éloigner de tout homme mauvais.

Pourquoi ne m'as-tu pas écoutée ?

Pourquoi m'as-tu fait traverser ces années de souffrance et de dépression ?

La naissance de mon fils était-il ton dessein ?

Ou celle que je suis aujourd'hui ton miracle dont tu me fais témoin ?

Paroles d'anges, samedi 15 juin 2024, je viens d'arriver à Sainte-Scholastique : « n'attendez pas un miracle, soyez le miracle. »

En cette abbaye, le 22 juillet 2024

Colère déplacée

J'ai attendu tout l'après-midi le verdict du JAF[15], épuisée, sans forces et allongée sur le lit de la petite chambre de cette abbaye, mon refuge. J'étais fâchée en fin de journée n'ayant reçu aucune nouvelle.

Je n'ai pas voulu aller aux vêpres et j'ai fini de regarder le film « Sainte Thérèse. »

Dans l'après-midi, j'ai appelé le diocèse de Berthelioux et demandé les dates de mes sacrements. J'ai appris que l'église où j'étais enfant de chœur s'appelait Sainte-Thérèse.

Après les vêpres, je me suis enfin extirpée de mon lit et suis allée dire « deux mots » à Marie et à Dieu.

J'ai été fâchée, en colère : pourquoi me faire patienter une nuit encore ? À quoi bon prolonger le supplice ? Que me veulent-ils à la fin, cette Mère des mères et ce Père comme je n'en ai jamais connu ?!

---

[15] JAF : Juge aux affaires familiales

J'ai pleuré, laissé sortir toute la douleur emmagasinée dans mon pauvre corps d'enfant à l'innocence violée, et de mère au cœur broyé.

Mes larmes coulent de tant d'horreurs subies, là où mon esprit se révolte encore « comment est-ce possible ? »

Je me retourne sur ces mois passés, toutes ces minutes loin de mon enfant que je sais en danger. Et lui, qu'a-t-il vécu ? Je ne peux que pleurer…

Ensuite je suis allée crier dans la Nature. Devant la beauté de ta création j'ai hurlé ma douleur, ma colère, ma tristesse.

Je t'ai tout livré, tout donné : mes larmes et mes cris, y compris ceux que je te hurlais par erreur de destinataire.

Si Nathan traverse cette épreuve, pourtant doué de la clairvoyance que tu lui as donnée, c'est pour une raison. Il aiguise certainement ses armes pour accomplir un jour sa mission d'âme.

Et si tu lui as donné, ainsi qu'à sa sœur, la mère que je suis, celle que tu as forgée dès son plus jeune âge, ce n'est pas un hasard n'est-ce pas ?

Tu lui donneras la force de guérir et d'aller chercher la Vérité, comme tu me l'as donnée. Il l'a déjà en lui, n'est-ce pas ?

En m'offrant à Toi, à ta Volonté, je te devine. Je me sens si petite de ma condition de « maman-maman » et si grande de la confiance que tu mets en moi.

C'est une alliance que tu me proposes, n'est-ce pas ?

Je pourrais tourner le dos à ces sujets graves et sordides, apprendre à composer d'harmonieux bouquets de fleurs. Mais ce n'est pas ce chemin qui me fait vibrer.

Suis-je réellement libre finalement ?

Tu me donnes le talent de l'écriture, tu souffles mes mots aussi bien à mes lèvres qu'à ma plume et tu fais d'elle mon katana.

Tu m'as dotée de multiples talents et donné la force inouïe de traverser toutes ces épreuves, infligées par des êtres malins, et finalement transformées en expériences.

Tous ces dons, et la force de résilience qui m'habite, orientent mes pas… vers les autres.

Et comme si cela ne suffisait pas, voici que tu m'offres la compagnie quotidienne des Anges et des Archanges.

Et au cas où je serais dure d'oreille, tu me parles clairement de Jésus et de la Sainte Trinité.

Comment reculer ? Comment ne pas avancer avec Amour et Confiance ?

Je suis désolée d'avoir crié contre Toi, tu ne mérites pas ça. Je suis encore cette enfant boudeuse, que veux-tu !

Je ferai attention dorénavant d'orienter mes cris vers ceux qui en sont à l'origine : les puissants qui pensent vaincre et dominer par leurs pauvres forces du Mal.

Tu es plus fort, n'est-ce pas ?

Si tu veux bien, je viendrai encore pleurer dans tes bras ou dans le sein de Marie.

Des larmes, j'en aurai d'autres, c'est certain. Comment ne pas en avoir dans mon cœur de mère universelle et devant les horreurs faites aux touts petits ?

Il faudra me donner la force, le discernement, l'intelligence, la volonté, la ténacité, la patience - pas trop car je ne voudrais pas être ralentie - la justesse, la capacité d'analyse et de réaction pertinente …

Arme-moi mon Dieu, de ta plus belle armure, celle de la Vérité, de l'Amour, de la Justice, de l'Espoir et de la Joie.

Arme-moi et j'irai au combat pour Toi et pour ta Paix.

Complies – première nocturne
Psaume 15

7 - Je bénis le Seigneur qui me conseille :

même[16] la nuit mon cœur m'avertit.

Je garde le Seigneur devant moi sans relâche ;

il est à ma droite : je suis inébranlable.

Psaume 33

8 - L'ange du Seigneur campe à l'entour

pour libérer ceux qui le craignent.

Goûtez et voyez : le Seigneur est bon !

Heureux qui trouve en lui son refuge !

18 - Le Seigneur entend ceux qui l'appellent :

de toutes leurs angoisses, il les délivre.

Il est proche du cœur brisé,

il sauve l'esprit abattu.

Psaume 41

7 - Si mon âme se désole,

---

[16] Et suivantes Sans majuscules dans le texte

je me souviens de toi.

9 - Au long du jour, le Seigneur

m'envoie son amour ;

et la nuit, son chant est avec moi,

prière au Dieu de ma vie.

Psaume 47

5 - Voici que des rois s'étaient ligués,

ils avançaient tous ensemble ;

ils ont vu, et soudain stupéfaits,

pris de panique, ils ont fui.

<u>Lecture de Saint Paul. Épîtres aux Éphésiens.</u>

4 – Appel à l'Unité.

4.7 - Chacun de nous a reçu sa part de la grâce divine.

Nous Unir pour devenir le corps du Christ avec ses différents membres, le Christ étant la tête.

Le combat spirituel

6-10. En définitive, rendez-vous puissant dans le Seigneur et dans la vigueur de sa force.

11. Revêtez l'armure de Dieu pour pouvoir résister aux manœuvres du diable.

12. Car ce n'est pas contre des adversaires de chair et de sang que nous avons à lutter, mais contre les Principautés, contre les Puissances, contre les Régisseurs de ce monde des ténèbres, contre les Esprits du Mal qui habitent les espaces célestes.

C'est pour cela qu'il vous faut endosser l'armure de Dieu, afin qu'au jour mauvais, vous puissiez résister et, après avoir tout mis en œuvre, rester fermes.

14. Tenez-vous donc debout avec

- la Vérité pour ceinture
- la Justice pour cuirasse
- le Zèle à propager l'évangile de la Paix pour chaussures.

16. Ayez toujours en main le bouclier de la Foi, grâce auquel vous pourrez éteindre tous les traits enflammés du Mauvais.

Enfin recevez le casque du Salut

Et le Glaive de l'Esprit, c'est-à-dire la Parole de Dieu.

Vivez dans la prière et les supplications,

Priez en tout temps dans l'Esprit…

Complies – Psaumes deuxième nocturne.

Psaume 55

2 - Pitié mon Dieu !

Des hommes s'acharnent contre moi ;

tout le jour, ils me combattent, ils me harcèlent.

Ils s'acharnent, ils me guettent tout le jour ;

mais là-haut, une armée combat pour moi.

4 - Le jour où j'ai peur

je prends appui sur toi.

10 - Le jour où j'appellerai, mes ennemis reculeront ;

je le sais, Dieu est pour moi.

Psaume 83

5 - Heureux les habitants de ta maison :

ils pourront te chanter encore !

6 - Heureux les hommes dont tu es la force :

des chemins s'ouvrent dans leur cœur !

11 - J'ai choisi de me tenir sur le seuil

dans la maison de mon Dieu,

plutôt que d'habiter

parmi les infidèles.

12 - Le Seigneur Dieu est un Soleil,

il est mon bouclier ;

le Seigneur donne la grâce,

il donne la gloire.

13 – Seigneur, Dieu de l'univers

heureux qui espère en toi.

Psaume 84

11 - Amour et Vérité se rencontrent,

Justice et Paix s'embrassent ;

la Vérité germera de la terre

et du ciel se penchera la Justice.

14 - La Justice marchera devant lui

et ses pas traceront le chemin.

« Qui sème le vent, récolte la tempête » - Livre d'Osée VIII, 7.

Toulouse, le 4 octobre 2024

Les faits ont eu lieu en cette abbaye, en juillet.

Qui es-tu, toi, pour juger ?

J'étais en retraite spirituelle en ce mois de juillet. Je discutais avec ce moine éclairé.

Je l'interrogeais : « Qui sont-ils ces gens si méchants ? Sont-ils nés ainsi, avec le mal en eux ? Et ma fille, pourquoi participe-t-elle à leur sale jeu et me blesse-t-elle autant ? L'hérédité compte-t-elle dans la transmission du malheur, de génération en génération ?

Si oui, alors tout est joué d'avance ! »

Désespérée, je le bombardais de questions et il n'a pas eu le temps d'y répondre avant que les cloches ne sonnent, annonçant fièrement la messe.

Ma nuit fut agitée et au petit matin, tandis que je me préparais à aller aux laudes, les anges m'ont sommée de rester dans mon lit : « Attend deux minutes, toi. Ce n'est pas la peine d'aller prier aux laudes ou d'aller te mettre à genoux devant Dieu - avec comme un sous-entendu - pour prier et/ou demander quoi que ce soit. Reste-là, allongée, ne bouge pas, on a des choses à te dire. »

Je me suis plus ou moins rendormie. Il m'était impossible de bouger. Je me suis vue écrire, ai-je rêvé ?

Voilà ce qui m'a été dit : « Qui es-tu toi pour juger ? Toi, tu n'as qu'une seule chose à faire sur terre : Aimer. »

J'ai eu des difficultés à émerger et toute la journée, j'ai eu la sensation physique d'avoir été chahutée. J'étais flottante, la tête dans du coton, loin quelque part dans les nuages.

C'était la deuxième fois que les anges me sonnaient les cloches, et je peux vous le garantir, ça m'a secouée pour le reste de ma vie. J'ai bien entendu la leçon et mettrai tout en œuvre pour la suivre et ne jamais l'oublier.

Les jours suivants, j'ai envoyé à ma fille des messages doux, d'une mère aimante et protectrice. Celle que j'ai toujours été et suis redevenue par la grâce de divine.

Puis, j'ai écrit à chacun de mes frères, une lettre pleine d'amour et de bienveillance.

Elles témoignent de la force de Dieu.

Il est parvenu à m'amener sur les chemins du pardon.

Banyuls, le 3 août 2024

Suspendue

Cela fait des mois que je vis suspendue.

Depuis le 2 février 2024

J'ai commencé par être funambule, maladroite.

Désenfantée, je souffrais tant. La douleur intense incisait mon cœur et tous les muscles de mon corps. Elle rendait ivre mon esprit et j'ai dû lutter pour ne pas tomber dans le gouffre du désespoir.

Mon instinct de protection maternel a été cette longue tige fine et souple que je tenais fermement entre mes mains, les poings serrés, la mâchoire crispée, concentrée pour ne pas chuter : je devais vivre et me battre pour mon enfant.

Peu à peu, j'ai cumulé les preuves, bâti les dossiers. Je me suis mise à la place des juges et des policiers : que leur faudrait-il, quelles pièces flagrantes feraient la différence et leur permettraient d'appliquer les textes de loi ?

La loi, parce qu'il n'y a qu'elle qui protège.

Rester dans le cadre ténu, précis et rigoureux de la loi. Je me suis attachée à elle, plus qu'un carcan, j'en ai fait mon armure.

En réalisant ce travail méticuleux, une fourmi acharnée accomplissant le travail de cent, j'étais suspendue. Je flottais dans les airs, j'attendais un message, un signe de vie de mon fils tant aimé.

J'avais le cœur fendu en deux. Doucement et inlassablement j'en rapprochais les bords pour qu'il puisse continuer à battre.

J'étais suspendue à la décision du juge des enfants, à celle du procureur du parquet des mineurs, auxquels j'avais confié la vie de mon fils et, par là même, la mienne.

Nous étions en sursis. Je ne respirais plus de peur que mon souffle ne perturbe leur lecture ou me fasse perdre mon équilibre. Je glissais mes pieds, lentement, prudemment, le long de la corde virtuelle, tendue dans les airs.

Surtout ne pas tomber. Attendre leur décision sans pour autant rester immobile. J'aurais chuté.

Le mouvement permet de rester en vie, faire circuler, à doses infimes, le Chi.

Avancer petit pas après petit pas. Éviter les grandes enjambées, oh combien trop risquées.

Avancer sans trop se réjouir.

L'enthousiasme déçu est cruel.

J'ai appris à rester prudente, me réjouir des petites victoires, sans m'enflammer.

Rester droite et digne sur mon fil.

J'ai avancé jusqu'au JAF, nouveau déséquilibre à la lecture de l'assignation en référé à bref délai de l'autre.

Il me dit « malade psychiatrique », n'a aucune pièce, ni le moindre élément, si ce n'est le comportement qu'il a engendré en moi en se faisant passer pour mon fils, désespéré et au bord du suicide.

Il m'accuse d'usurpation d'identité, lui qui a volé le temps d'une semaine celle de notre enfant pour me rendre ivre de détresse et d'inquiétude.

Quel père peut-il faire ça à une mère ?

J'ai chuté. J'ai perdu l'équilibre.

Harcelée de tous côtés, je n'ai pas pu continuer à avancer. Figée, sidérée, rendue immobile, je suis tombée de mon fil.

Je ne le savais pas, mais il y avait un filet tendre et accueillant tendu en dessous. Je suis tombée lourdement, mon corps s'est affaissé, le filet a amorti le choc de la chute, et peu à peu, mon corps endolori a pu se reposer.

La sensation vertigineuse de la chute s'est apaisée. J'ai décidé de remonter sur le fil et continuer le combat.

Elisabeth m'a tendu la longue perche : « vas-y, je reste à côté de toi, bats-toi. »

Encouragements et conseils d'une coach à une sportive de haut niveau.

Je deviens Béatrix Kiddo, l'héroïne du film « *Kill Bill* »[17], ma plume est mon katana. Mon esprit s'aiguise et devient plus lucide. Mon intuition se développe et me guide.

Les anges veillent sur moi et des ailes me poussent dans le dos. Je ne peux plus chuter, je suis dorénavant parée. Dieu est à mes côtés. Je lis et suis scrupuleusement les conseils qui me sont envoyés. Je me sais accompagnée.

Je n'avance plus en équilibre hasardeux sur le fil. Je danse, mes pas s'allègent, je suis légère.

Je suis en vie, en belle vie.

J'ai retrouvé ma joie d'enfant, elle est inaltérable, inaliénable.

Pas question de me remettre en situation d'attente. Je veux respirer amplement, profondément.

Je veux aimer, parce que c'est la seule chose que j'ai à faire sur terre.

L'Amour n'évite pas le combat, hélas.

---

[17] Tarantino Q., *Kill Bill*, 2003.

Je me battrai donc pour préserver l'innocence des enfants. Je lutterai sans relâche pour que l'Amour et la Paix surgissent des ténèbres.

J'avancerai sur mon fil avec intelligence et discernement, exempte de peur, si ce n'est celle qui, dans l'instant présent, me fera percevoir le danger.

Je suivrai mon intuition et écouterai la voix de la Sagesse qui parle en mon cœur.

Étincelle divine, tu es ma Joie.

Tu fais de mon Espérance, un horizon sans fin.

Suspendue, figée et hésitante sur mon fil, j'étais une bien petite maman.

Tu fais de moi une danseuse céleste.

Je vis de Toi comme Tu vis en moi.

Plus tu brilles, plus ma danse devient harmonieuse et fluide.

Je m'envole, je deviens moniale des villes, je cherche l'habit entre celui de Béatrix Kiddo et celui de Nelson Mandela.

Merci de t'éveiller en moi.

Toulouse, le 5 septembre 2024

Le Lien qui unit et libère

Il y a des liens qui détachent

Il y a des liens qui emprisonnent

Il y a des liens qui détruisent

Ce sont ceux de la pédocriminalité intrafamiliale.

Les liens qui unissent à la spiritualité nous rendent notre liberté.

En cette abbaye, le 14 septembre 2024

En Toi, ma liberté

Oh Seigneur, j'ai peur,

Où veux-tu que j'aille ?

Je t'en prie, en ce lieu sacré, guide mes pas.

Nathan est l'enjeu de cet ultime combat.

Pas que lui, n'est-ce pas ?

Il est le symbole de ces enfants pris au piège,

Et plus je parle, plus je crie qui ils sont,

Plus ils s'en prennent à lui,

Pour me faire mal à moi.

Les enfants sont les monnaies des méchants.

Ils s'en servent pour s'acheter les uns les autres et faire taire ceux qui serait tentés de révéler la Vérité.

Les enfants ne sont pour eux que des objets à double face.

Ils violent l'une pour asseoir leur puissance de l'autre.

Pouvoir de tortionnaires aux belles allures en public mais aux regards froids et aux actes abscons derrière le rideau de la scène.

Pouvoir de mécréants, de blasphémateurs qui veulent te nuire et détruire ce que tu as mis dans chaque créature de ta conception : l'étincelle divine qui lorsqu'elle jaillit fait briller la Joie et l'Amour.

Ce diamant pur présent dans chaque enfant.

C'est lui qu'ils veulent ternir, briser à coups de dents, pour que seule la terre qui le recouvre ne subsiste.

Éteindre les consciences et faire fuir les âmes des petits corps d'enfants, pour que ceux-ci deviennent des moutons sages et dociles.

Jusqu'à en devenir des adultes pourvoyeurs d'enfants inconscients ou des témoins qui portent soigneusement leurs paumes de main sur leurs paupières déjà mi-closes.

La boucle est bouclée, le cercle infernal sans fin ne cesse de s'agrandir. La mécanique destructrice est bien huilée.

Il y a cependant des grains de sable qui commencent à obstruer vos rouages.

C'est ennuyeux, c'est embêtant.

Et figurez-vous qu'ils sont de plus en plus nombreux... Décidément... c'est fâcheux.

Je suis l'un d'eux. Peut-être un peu plus gros que d'autres parce que dotée par Dieu de quelques talents dont cette plume qui se pose ici, encore, et glisse pour ma plus grande joie.

Elle révèle des vérités, elle démasque vos actes abscons jusqu'à vos plus profondes turpitudes.

J'écris, je sais que ces mots qui me sont soufflés seront publiés, et seront lus, par un grand nombre de victimes et de bourreaux.

Bien sûr vous m'attendrez au tournant, je prends déjà tant de coups.

Mais je vais vous dire un secret : plus j'écris, et plus ma force grandit.

Parce que plus j'écris, plus je suis avec Dieu.

Plus j'écris, et plus nous serons nombreux, grains de sable qui deviendront murailles et forteresses protectrices pour nos petits.

C'est amusant, vous qui n'êtes jamais que des sales morveux jouant dans vos bacs à sable, vous serez finalement terrassés par ce (et ceux) avec quoi vous avez tant joué !

Laissez tranquille nos enfants et repartez dans vos marécages.

Marie, Reine des Anges a terrassé le serpent.

Les enfants violés, princesses et princes des Anges, l'aideront à conduire son armée.

Oui Seigneur, j'ai peur, je dois bien l'avouer.

Ces « puissants » effraient quelque peu la petite « maman-maman » que je suis.

C'est une peur liée à l'avenir et elle me paralyse.

Je ne sais pas si je vivrai longtemps, est-ce eux qui choisiront ? Ou est-ce Toi qui décideras ?

Je veux croire que c'est Toi et si je reviens dans l'instant présent, je ne peux que constater ta présence à mes côtés.

Par la présence de Marie, tu m'as donné la force de protéger mes enfants.

Par la voix des Anges et des Archanges, tu m'encourages, tu me soutiens, tu me protèges, tu me guides.

Par l'exemple de Jésus, tu m'indiques le chemin à suivre : l'Amour Inconditionnel.

Par ma plume, tu révèles ta force et ta puissance, tu démasques les méchants.

Plus je prie, plus je t'appelle, et plus tu me réponds en me donnant la force et le courage d'avancer à visage découvert, à plume ouverte.

En Toi, ma Joie.

En Toi, mon Espérance

En Toi, ma Liberté.

En cette abbaye, le 15 septembre 2024

Ma mission d'âme

Je suis une enfant violée qui révèle son étincelle divine.

Je suis une mère bafouée et rouée de coups qui a suivi le chemin du Christ.

Je suis une petite « maman-maman » - entendez une mère responsable et digne qui aime et protège ses petits - qui a reçu le ciel sur la tête... et n'y était pas prête.

Je suis une femme choisie par Dieu dans son enfance pour accomplir une mission - lutter contre l'emprise et la pédocriminalité - et témoigner de la présence divine en cette vie terrestre.

Illuminée par les psaumes, interpellée par la vie du roi David, éclairée par la règle de Saint-Benoît, je suis guidée par les anges, les archanges et les maîtres ascensionnés, moi qui n'y croyais pas !

Je suis une femme spirituelle dotée par Dieu d'une plume, qui devient tour à tour caresse d'ange, qui apaise et réconforte, ou katana, véritable radar et arme foudroyante contre les prédateurs et autres manipulateurs, qu'ils soient masculins ou féminins.

Une femme douée pour l'enseignement, les sciences, la philosophie, l'écriture et la communication.

Une femme qui a reçu le pouvoir de se guérir pour guérir les autres. Formée en biologie, psychologie, sophrologie, marketing et développement personnel, je tiens mon plus grand apprentissage des épreuves que j'ai surmontées et que je transforme en expériences pour éclairer les autres.

Tout cela peut paraître présomptueux, ne vous y trompez pas : je ne suis rien sans Dieu.

Je suis emplie de gratitude pour toutes les grâces qu'il m'offre à vivre, dont celle de toucher du bout de mon petit doigt, mais ressentir au plus profond de mon cœur, son Amour Infini et Inconditionnel, Lui, mon seul Père.

En cette abbaye, le 16 septembre 2024

Que ta Volonté soit faite

Oh Seigneur,

Je reçois autant de coups que de grâces.

Tu me diras, ça s'équilibre.

Oui, mais en attendant, ça secoue.

Je suis arrivée ici et c'est la grâce de la gratitude qui m'a touchée.

Immobile, recueillie pendant les offices,

Je n'ai cessé de pleurer, de bonheur et de joie d'être avec Toi.

Tu me prépares à prendre mon envol,

A quitter le nid qu'est cette abbaye.

Être celle que tu veux que je reflète de Toi.

Et tu me prépares à la solitude, n'est-ce pas ?

Non pas celle de la victime qui a été isolée,

Mais celle de ceux qui portent de Toi une mission.

« La solitude est le lot de celles et ceux qui ont reçu une mission de Dieu » - ce moine, sage, qui m'écoute et répond à mes questions.

Tout à l'heure, en priant, je la détestais la mission que tu m'as confiée.

Si c'est pour être reniée par celle qui m'a rendu ma liberté, merci bien !

Si c'est pour passer pour illuminée dans un monde où la Lumière ne luit plus, merci bien !

Si c'est pour que tu amènes à moi tous les détraqués de la terre pour que tu les démasques sous couvert de ma plume, merci bien !

Oh, je suis en colère et je râle, encore une fois.

Où sont les belles paroles que je disais hier ?

La mission est trop grande, Seigneur.

Je n'ai pas la carrure et je voudrais continuer ma vie en faisant des bouquets de fleurs, pas en affrontant les méchants.

Je voudrais oublier mes valeurs, celles qui m'empêchent de me taire quand je vois un enfant abîmé.

Y a-t-il un bouton « reset » dans ce que tu m'as donné ?

Ma vie serait plus simple et je pourrais tout oublier.

Ah c'est facile de croire en toi et d'afficher sa foi, et l'ardeur au combat qui va avec, lorsqu'on est entourée de ses pairs ou dans un lieu sacré comme celui-ci.

Mais je suis une moniale des villes, seule.

Mes mots ne sont lisibles que par celles et ceux qui les ont vécus, ou celles et ceux qui protègent les enfants, vraiment.

Les autres font la sourde oreille, ou pire, les enterrent.

Pourquoi moi Seigneur ?

Qu'ai-je de plus que les autres ?

Réponse des anges cette nuit : « Outre leur soutien, les anges, les archanges et les maîtres ascensionnés vous offrent également leur amour et leur protection. Vous allez vous demander pourquoi ? Parce que vous êtes un être généreux et un être pieux. »

Ça aussi, ça vient de toi ?

Parce que tu aurais pu le placer en quelqu'un d'autre que moi ?

Bon, allez, j'arrête là, je te sens lever les sourcils et soupirer. J'ai compris, je me remets au travail et corrige le contenu de mon site internet pour une plus grande autonomie vers Toi.

Je relis mes mots d'hier :

Si mon chemin est de suivre tes volontés

Si tu restes à mes côtés pour m'accompagner

Je n'ai nul besoin d'une promesse de vie éternelle

Je suis comblée.

… bon, ben, j'y vais !

BIBLIOGRAPHIE

La Nouvelle Bible Segond, édition d'étude, Alliance Biblique Universelle, 2002.

Le psautier, *version œcuménique, texte liturgique*, Cerf, 1977.

Jean XXIII, *Journal de l'âme. Dans le secret des jours d'un pape*, Les éditions du Cerf, 2014.

Arendt H., *Qu'est-ce que l'autorité ? La crise de la culture*, Gallimard, coll. « Folio », 1972.

Bobin C., *Une petite robe de fête*, coll. « Folio », 2019.

Bobin C., *L'homme joie*, coll. « Folio », 2012.

Cheng F., *De l'âme, sept lettres à une amie*, Le livre de poche, 2022.

Cheng F., *La Joie, en écho à une œuvre de Kim En Joong*, Cerf, 2024

Ciivise, *Violences sexuelles faites aux enfants*, Commission indépendante sur l'inceste et les violences sexuelles faites aux enfants, 2023.

Clavier B., *Ils ne savaient pas ... Pourquoi la psy a négligé les violences sexuelles*, Payot, 2022.

Cyrulnik B., *Le laboureur et les mangeurs de vent. Liberté intérieure et servitude*, Odile Jacob, 2022.

Dom Jedrzejczak G., *Sur un chemin de Liberté. Commentaires de la règle de Saint Benoît jour après jour*, Anne Sigier, 2006.

Durand E., *160 000 enfants. Violences sexuelles et déni social*, Tracts Gallimard, Janvier 2024.

Durand E., *Défendre les enfants*. Seuil, 2022.

Durand E., *Protéger la mère, c'est protéger l'enfant. Violences conjugales et parentalité*. Dunod, 2022.

Guénard T., *Plus fort que la haine*, Presses de la renaissance, 1999.

Hirigoyen M.F, *Le harcèlement moral, la violence perverse au quotidien*, Pocket, 1999.

Lambda S., *Tant pis pour l'amour, ou comment j'ai survécu à un manipulateur*, éditions Delcourt, 2019.

Petitcollin C., *Je pense trop*, Guy Trédaniel éditeur, 2010.

Petitcollin C., *Je pense mieux*, Guy Trédaniel éditeur, 2015.

Petitcollin C., *Emotions, mode d'emploi. Les utiliser de manière positive*, Jouvence 2022.

Petitcollin C., *Echapper aux manipulateurs. Les solutions existent !* Guy Trédaniel éditeur, 2007.

Petitcollin C., *Enfants de manipulateurs, comment les protéger ?* Guy Trédaniel éditeur, 2013.

Petitcollin C., *Mon enfant pense trop, comment l'accompagner dans sa sureffincience*, Guy Trédaniel éditeur, 2019.

Petitcollin C., *Pourquoi trop penser rend manipulable. Protéger votre mental de l'emprise*, Guy Trédaniel éditeur, 2017.

Petitcollin C., *Agressions sexuelles, trousse premiers secours*, Christelle Petitcollin Editeur, 2024

Robert S., « *La psychanalyse : le phallus et le néant* », Documentaire, Océan invisibles production, 2019.

Daigle L., Album « *How Can It Be* » - 2015

Daigle L., Album « *Look up Child* » - 2018

REMERCIEMENTS

J'avais initialement écrit deux pages de remerciements.

Pour des questions de sécurité des personnes et êtres chers, je réduis celles-ci à ceci :

Je remercie Dieu et le monde céleste d'avoir mis tout au long de mon chemin vers la Vérité, des personnes qui m'ont écoutée, prise au sérieux, accompagnée et soutenue.

Je remercie les personnes qui croient en moi et en mon combat. Celles qui, comme moi, se battent pour protéger nos enfants et leur offrir un monde meilleur, sécure, où leurs éclats de rire pourront résonner, sans se heurter à des murs de glace.

Elles se reconnaîtront

TABLE

PROLOGUE 23
    50 ans pour comprendre 13
    Mon désir d'écrire – la flamme 17

PARTIE I 23
LA FUITE 23
    Fuir et ne pas revenir : un deuil en hiver 25
    Faire plaisir à mon enfant : retrouver Marie 28
    Des mâchoires du piège à loup au cadeau d'une rencontre. 35
    Des voleurs de mots à moi-même 47
    En attendant un nouvel enfant Nathan 52

PARTIE II 57
APRES LE SILENCE, LA RENAISSANCE 57
    Survivre ne me suffit plus 59
    Lettre à ma mère 60
    Lettre à mon père 65
    Lettre à mon frère 66
    Toi qui me lis, premier lecteur de mon existence 69
    Femme fontaine 72
    Boulimie 73
    Enfer et paradis 80

Témoin d'un douloureux et éclatant voyage	82
Témoins de l'Espoir	83
Résilience	85
En l'absence de Klimt	87
Une vague	89
Nymphose	90
Étincelles	93
No man's land des mots	98
Hommage aux absents	100
Les mots qui me viennent	103
Injonction	105
Jour de fête	106
Corps volé	109
Retrouvailles	113
A ceux que mon rire dérange	116
Douceur d'être	123
Charivari	124
Jouissance	127
Différente	130
Essaye de comprendre	134
Celui qui me restait	136
Les mots qui m'habitent	138

Regard 140

Diagnostic 144

Céder n'est pas consentir 146

La honte 150

Signes 160

PARTIE III 165
RÉSURGENCES 165

Mon anus me gêne 167

Agressions 174

Je veux mourir 184

À toi qui n'es plus rien déjà 193

Il va falloir que je me fasse toute petite 195

Il n'y a que l'Amour qui compte 198

Éloge funèbre 204

Transformation 209

Salaud 211

Le doute 215

La vitrine était belle 219

Hurler 225

Grenade 228

Dans la peau d'un pédocriminel : préambule à l'horreur 235

Empathie : dans la peau d'un pédocriminel 236

Que ma joie demeure...246

PARTIE IV 251
VÉRITÉ ULTIME ET GUÉRISON ? 251

Tu choisiras mon fils...253
Un songe..259
L'inénarrable 265
Pardonner ?..270
Guérison ?..276

PARTIE V 279
UN TOURNANT 279

20 ans plus tard, rien n'a changé...............................281
L'incarnation du Mal..289
Tu n'étais pas puceau..291
L'enfant soldat..294
Survivre à tout prix 302

ÉPILOGUE 305

Seigneur, qui sont-ils ces puissants ? 307
Colère déplacée 318
Qui es-tu, toi, pour juger ?..327
Suspendue 329
Le Lien qui unit et libère..334
En Toi, ma liberté 335

Ma mission d'âme 339
Que ta Volonté soit faite..341
BIBLIOGRAPHIE 345
REMERCIEMENTS 349